# 心理学部

橋口佐紀子

ぺりかん社

# はじめに

心理学っておもしろいですよね。この本を手に取ってくれたということは、きっと心理学という学問に興味をもってくれているのだと思います。

この本を書くにあたって、４人の現役心理学部生と４人の卒業生に「心理学部ってどうですか？　どんな学部ですか？」と、お話を聞かせてもらいました。みなさんが共通して教えてくれたのは、「心理学部の授業はおもしろい！」ということ。とにかく授業がおもしろかったから、大学を卒業後にさらに2年間大学院でも学んで国家資格を取ることにしたという人もいれば、どの授業もおもしろいから上限いっぱいに授業をとったという人もいました。

心理学部の授業は実験や演習も多くて、そのたびにレポートも書かなければいけないので、決して楽な学部ではありません。それでもみなさん、「心理学部でよかった」と笑顔(えがお)で話してくれました。私も、そんなみなさんの話を聞きながら、すっかり魅了(みりょう)されました。

ただ同時に、もうひとつ共通していたのが、「就職のことを心配された」という話です。

読者のみなさんのなかにも、もしかしたら心理学部に興味をもちつつも「就職はできるの？」などと親御さんや先生に聞かれてちょっと心配になった人がいるかもしれません。
また、心理学部といえば「卒業後はカウンセラーをめざす」というイメージがあるかもしれませんが、心理学部で学んだことを活かせる仕事はカウンセラーだけではありません。むしろ、カウンセラー以外の仕事に就いて心理学部での学びを活かしている人のほうが多いのです。「具体的にどんな仕事に？」ということは、本文のなかでお伝えしますね。
「なるにはＢＯＯＫＳ　大学学部調べ」というこのシリーズでは、「その学部ではどんなことを学べるのか」だけではなく、「学んだことを社会に出てどう活かせるのか」まで紹介することを大切にしています。この本でも、心理学部での学びの内容とおもしろさにとどまらず、心理学部で学んだことをどう社会で活かせるのか、実際のエピソードも交えながらご紹介していきます。

心理学という学問は、高校までにはまったく習わないものだからこそ、「入学してみたら、想像していた心理学とちょっと違った」という話もときに耳にします。それでも何かしらおもしろさを見つけられる学問だとは思いますが、できることなら、大学で学ぶ心理学とはどういうものなのか、ちゃんと知った上で入学してほしいなと思います。心理学部に入学したらどんな学生生活が待っているのか、卒業後にどのように学びを活かせるのか、ぜひ想像をふくらませながら読んでください。

著者

# 心理学部　目次

## 3章 心理学部のキャンパスライフを教えてください



## 4章 資格取得や卒業後の就職先はどのようになっていますか?

## 5章 心理学部をめざすなら何をしたらいいですか？



＊本書に登場する方々の所属・情報などは、取材時のものです。

# 1章

## 心理学部は
## どういう学部ですか？

# Q1 心理学部は何を学ぶところですか？

## 科学的に人を理解する

心理学を学べば、マンガやアニメに登場するエスパーのように、目の前の人の心をサッと読めたり、人の心を巧みに操れたりするのかな……なんて期待する人もいるかもしれない。残念ながら、そうした能力が身につくわけではない。

そうではなく、**いろいろな切り口で、なおかつ科学的な方法を使って、人を理解しようとする学問が心理学だ**。ここで、『人を』ではなく『人の心を』ではないの？」と思った人もいるかな。でも、心だけを単独で取り出すことはできないよね。

ちょっとイメージしてほしい。楽しいとか、悲しいとか、おいしいとか、心が動く時には、自分のなかだけで完結しているわけではないよね。誰かといっしょにいたり、何かのできごとが起きていたり、何か食べ物があったりする。外のものや状況との関係のなかで私たちの心は動く。もちろん、感じているのは自分自身だから、その人のパーソナリテ

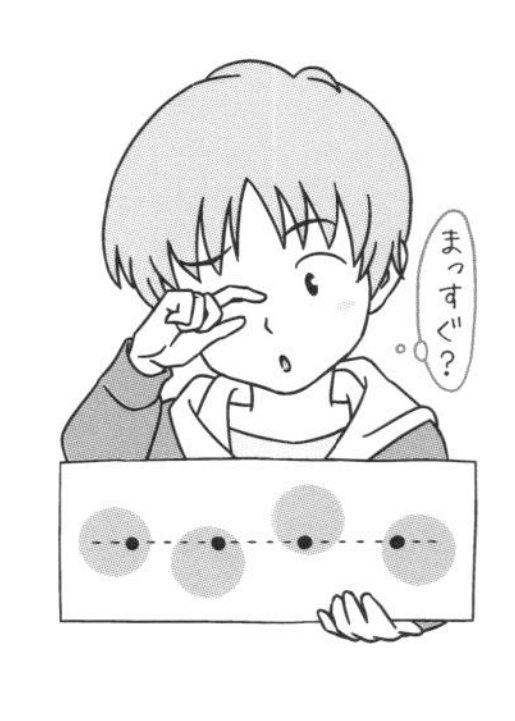

ィーによって「どう感じるか」は変わるけれど、そのパーソナリティー自体もいっしょにいる人や状況によって変わる。みんなも、クラスのなかでの自分と、仲の良い友人といっしょにいる時の自分、家での自分……と少しずつ違っていたりするんじゃないかな。

心は心だけで存在しているわけではなく、外とのかかわりのなかで絶えず変わっていくもの。だから、人はこういう時にはこういう反応をしやすい、こういう行動を取りやすいなど、人を理解することで心をひもといていくんだ。

そういう意味で、**心理学は、自分を理解し、他者を理解し、人の集まりである社会を理解しようとする学問でもあるんだよ。**

## いろいろな心理学がある

心理学に対して、心が病気になる仕組みを理解して、心が回復するように支援するための知識や方法を学ぶというイメージをもっている人もいるかもしれない。これは、心理学のなかの「臨床心理学」という学問だ。

**実は「心理学」とひと言で言ってもいろいろな分野があるんだ。**臨床心理学も、そのひとつ。ほかにも、赤ちゃんから子ども、大人と発達していくなかで心はどのように変化していくかを学ぶ「発達心理学」、ものの見え方や音の聞き方などの知覚のあり方を学ぶ

「知覚心理学」、個人が集団や社会からどのような影響を受けるのかを学ぶ「社会心理学」など、あげればきりがないほど。

これらは、大きくは「基礎心理学」と「応用心理学」の二つに分けられるよ。**すべての人に共通する心の仕組みを探ろうとするのが基礎心理学。**発達心理学や知覚心理学、それから、脳と心の関連を調べる「神経心理学」や、経験がどう行動を変化させるかを調べる「学習心理学」などが基礎心理学にあたる。

一方、**応用心理学は、基礎心理学でわかってきた知見を実際の生活や社会に役立てようとする心理学だ。**応用心理学にあたるのが、臨床心理学や社会心理学のほか、犯罪と心理の関連を調べる「犯

## 主な学部の系統別分類

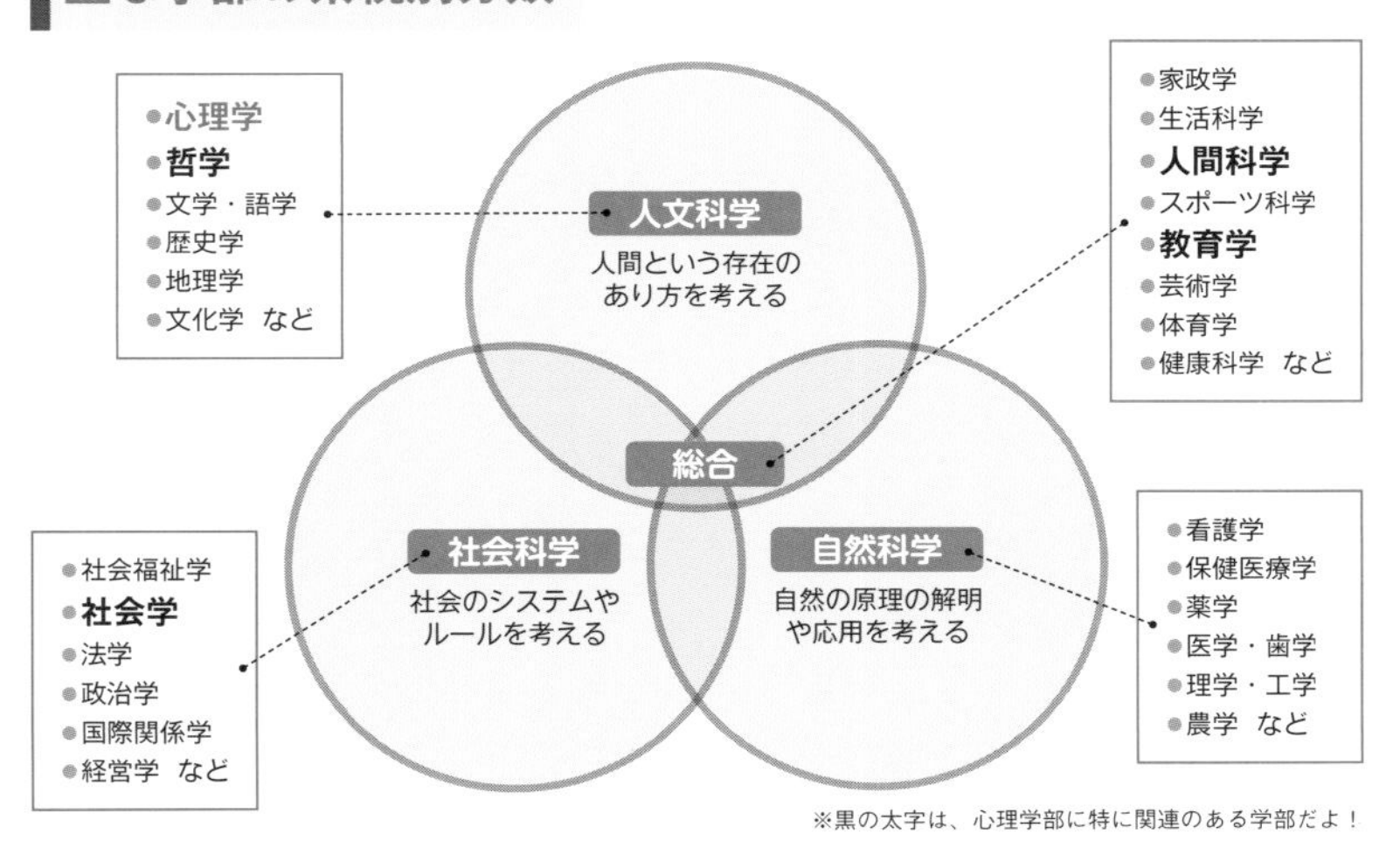

罪心理学」、心の状態がスポーツの成果にどんな影響を与えるのかを調べる「スポーツ心理学」、消費者の心理を調べる「消費者心理学」などだ。
人の営みはすべて心理学の研究領域になるから、心理学の分野もここでは書ききれないほどたくさんあるんだ。

## 科学的なアプローチの方法も身につく

冒頭で、心理学は人を科学的に理解しようとする学問だ、と紹介したよね。この「科学的」も大事なポイントなんだ。心理学では、実験や調査といった方法をよく使う。客観的なデータを集めて、分析して、将来の予測を行ったり、グループごとの違いを調べたりするんだ。こうした**科学的なアプローチを身につけることも、心理学の大事な学びだ。**

心理学はもともと哲学から派生しているので人文科学系の学問に分類されるけれど、心の原理を実験などで解明するという点では自然科学にも近い。さらに、応用心理学の各分野のように、社会で起こっている現象を説明する心理学は、社会科学の色合いもあるよ。

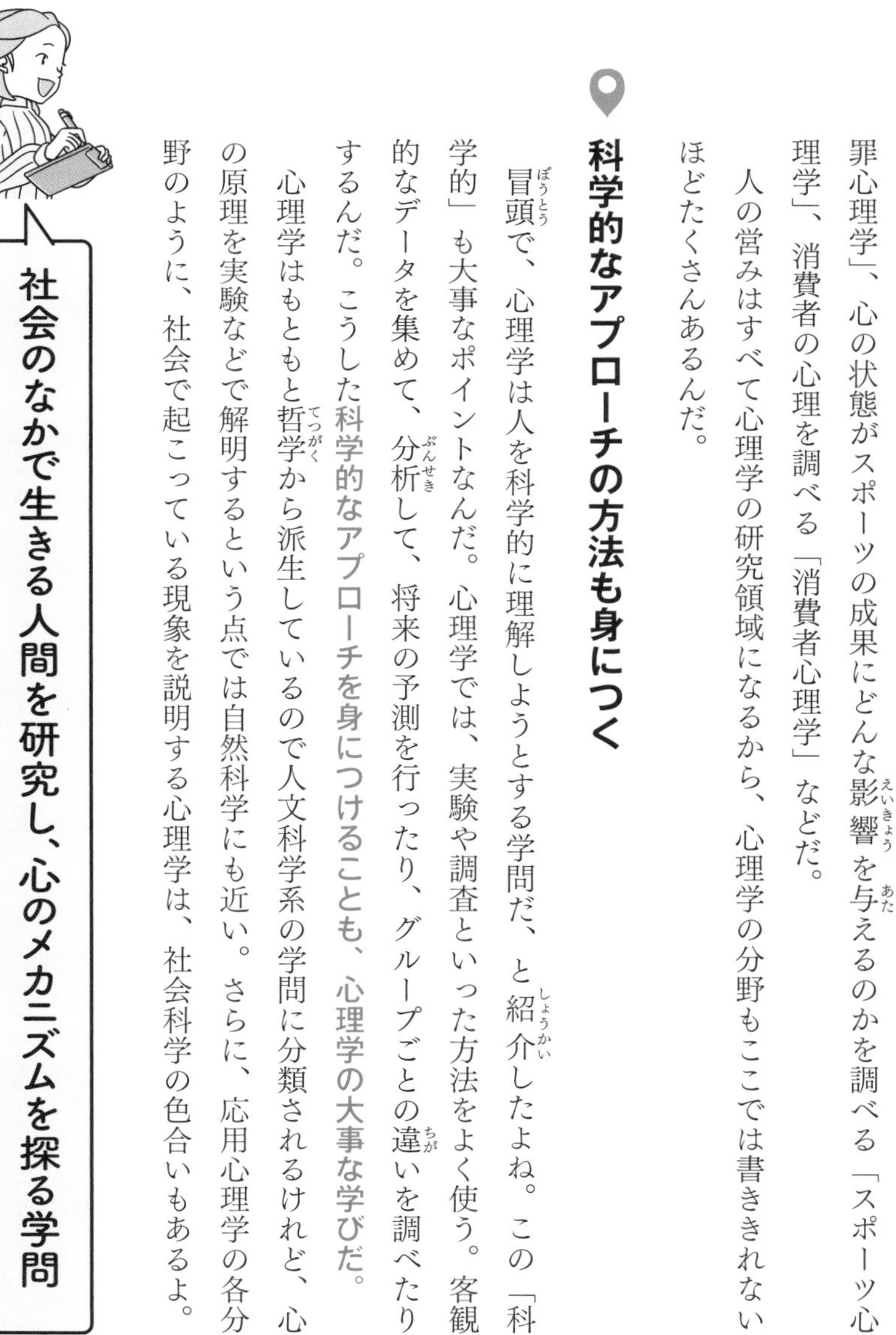

# Q2

# どんな人が集まってくる学部ですか？

## 人の心に興味のある人

「カウンセラーになりたい」など、将来的に心理の専門職に就きたいから心理学部に入学したという人も多いけれど、それ以上に、「心理学に興味があった」「心理学を学びたかった」という人が多い。心理学部の場合、純粋に、そこでの学びそのものに興味をもって入学した人が多い印象がある。

興味をもったきっかけはさまざまで、心理学者やカウンセラーが活躍するドラマを見てという人もいれば、心理学にまつわる本が好きだったという人、また、人間関係のトラブルなどがきっかけになった人も結構多い。たとえば、友人とのケンカだったり、クラスで起きた不登校やいじめといった問題だったり、家庭のことだったり。自分にとって切実な問題に直面した時に「どうしてこういうことが起こるんだろう？」「どう行動したらよかったんだろう？」などと真剣に考えて、その答えを求めて心理学部に入ったという人もい

るよ。

## 人を助けたい、面倒見のいい人

**どこの大学の心理学部でも、共通して聞いたのが「優しい人が多い」ということ。**心に興味をもって入学してきた人たちだから、相手の心を思いやり、悩んでいる人がいたら手を差し伸べようとする心優しい人が多い。

今回インタビューさせてもらった人のなかには、友人間で相談役になることが多くて「心理学部が合いそう」と言われたという人も。**人の話を聞くことが好き、人の相談に乗ることが多いといった人も、心理学部に向いていると思う。**

一方で、人の心理や心のメカニズムに興味はあるけれど、対人関係は苦手という人もいると思う。人間観察は好きだけれど、コミュニケーションが得意なわけではない、とか。カウンセリングなどのイメージから、人と話すことが得意でない人に心理学部は合わないのかな、と不安に思う人もいるかもしれないけれど、そんなことはないから安心して。何より「興味があること」が大事。それに、心理学部に集まる人は優しい人、面倒見のいい人が多いから、コミュニケーションが不得意な人がいても、まわりの仲間がフォローしてくれて、おたがいに助け合いながら卒業までがんばれることが多いそうなんだ。

## 内省力の高い人

「自分はいったいどういう人間なんだろう」と、自分自身のことを深く掘り下げて考えることが好きな人にとっても、心理学はとてもおもしろい学問だと思う。心理学を学んだことで、相手の心理以上に自分のことがよくわかるようになった、という声も聞く。

というのは、心の反応のメカニズムを学んでいくなかで、「自分はどうだろう？」「あの時、自分はどう感じたんだろう？」などと自分自身に照らし合わせて考えることが多いんだ。そうすると、自分の思考や行動のクセを知ったり、どういう時に気分が落ち込みやすいのかといったことがわかったり、「こういう考え方をしやすいから、こういう行動になるのか！」などと気付いたりする。

そのように自分自身について深掘りして考える、内省力の高い人も多いよ。

## 女子学生、文系出身者のほうが多いけれど

それから、心理学部と聞くと女子が多いというイメージがあるかもしれない。大学によって差はあるものの、総じて、男子学生よりも女子学生のほうが多いことは事実だ。でも、男女比はというと、男子学生の割合が3～4割という大学が多いよう。だから、心理学部

# 自分の心も相手の心も大切にしたい人、内省力のある人

に興味のある男の子も安心して。クラスのなかで肩身が狭くなるほど少ないわけではないと思う。心理学部に通っているある男子学生は、「男子が少なかったからこそ、男子同士で結束して仲良くなった」と話してくれたよ。

また、文系、理系という点では、文系教科が得意な人が多そう。でも、心理学部が文系に有利な学問かというと、そうとも限らない。Ｑ１でも説明したように、**心理学を学ぶにはデータの集計や分析といった科学的アプローチが欠かせないから、数学的な思考も大切なんだ。**ただ、入学してから身につければいいのだから、数学が苦手だからといってあきらめる必要もない。結局は、文系だろうと理系だろうとどちらでもだいじょうぶ。心理学に興味があればぜひチャレンジしてほしい。

# Q3 学んだことを社会でどう活かせますか？

## 心理職として心の問題を抱えた人をサポートする

まずわかりやすいのが、心理の専門職になって学びを活かすということ。病院やクリニックで心理療法士として働く、学校でスクールカウンセラーとして働く、児童相談所や療育センター、警察といった公的な施設で心理職として働くなど、心理の専門職といっても、いろいろな道がある。それぞれの場所で出会うのは、心の病気を抱えている人、アルコール依存や薬物依存に悩まされている人、そうした親と暮らす子ども、虐待を受けた子ども、発達に遅れのある子ども、非行をしてしまった子ども、被害に遭った子ども……など、いろいろな事情や心の問題を抱えている人たちだ。切実な問題を抱えている人たちに向き合わなければいけない心理職には、当然、高い専門性が求められる。心が病気になるメカニズムや、心と体がどのように発達していくのかといった専門知識、相手の話を聞く技術など、心理学部で学んだことがそのまま役に立つんだ。

また、**心理の専門職として働くには、公認心理師や臨床心理士をはじめとした資格を求められることが多い。**資格については4章であらためて説明するけれど、公認心理師と臨床心理士の場合は、大学で心理学を学んだあと、大学院に進学して指定の授業を受けなければ受験資格が得られないことも覚えておこう。

## 相手のニーズをくみとる技術を活かす

心理学部では、大学や学科によって異なるけれど、カウンセリングの方法について学ぶことが多い。カウンセリングで大事なことは、その人が抱えている問題をひもとき、今のその人にとって何が必要なのかを見極めていくこと。このように、相手の話を聞いたり、行動を観察したりしながら、問題を見極めていくことを「アセスメント」と呼ぶよ。

こうした技術は心理カウンセラーとして働く人以外にもとても役立つんだ。たとえば、どんな会社にも「営業」という仕事がある。営業職の場合、顧客が何に困っているのかを把握し、相手のニーズに合った商品やサービスを提案することが大事。それはまさにカウンセリングの技術そのものだ。実際、心理学部を卒業して営業職に就いた人が「営業の過程で、商品をどのように使うのか聞き取りを行うのですが、それはまさにカウンセリングなんです」と話していたそうだよ。

それから、心理カウンセリング以外にも、「カウンセリング」という言葉が使われる仕事は多いんだ。たとえば、化粧品の販売で、肌の悩みやふだんのメイク方法などを聞きながらその人に合った商品を紹介することもカウンセリングと呼ばれるし、転職やこれからのキャリアに迷っている人にアドバイスをすることはキャリアカウンセリングと呼ばれる。**カウンセリングは、相手のニーズをくみとり、応える技術だから、メンタルケア以外の場面でも広く役立つんだよ。**

## 統計、分析、マーケティングの道も

心理学というと「人とかかわる」という側面が注目されがちだけれど、もうひとつの特徴がデータを分析する力もみがかれるということ。目には見えない心というものを、実験やアンケート、観察、インタビューなどの方法でデータ化して、特徴を理解しようとするのが心理学だ。だから、心理学を学ぶには統計学は避けては通れないし、実際に統計ソフトを使ってデータを解析するトレーニングも行う。また、調査を行う時にどういう問いや仮説を立てれば知りたいデータが得られるのか、ということも体験的に学ぶ。

これはビジネスにおいても大事なこと。商品やサービスを企画するには、市場の動向を読むことが欠かせないし、消費者の心理を摑むことも大事。

心理学部で養った調査スキルや分析スキルを活かして、企業で商品開発やマーケティングにたずさわっている人もいれば、データアナリストとして活躍している人もいるよ。

## 自分自身の幸せな人生のために

心理学部では、実験や演習などグループで行う授業も多い。グループワークを通してコミュニケーション能力がみがかれるし、グループディスカッションでは一人ひとりの背景や考えの違いを知る機会にもなる。また、対人コミュニケーション自体を学ぶ授業もある。

大学を卒業後、どんな仕事に就くにしても一人で完結する仕事はない。性格も育った環境も違うメンバーが集まって、協力しあいながら働く。**心理学部で培われるコミュニケーション能力や個々の違いを受け止め、尊重しあう姿勢はどんな職場でも力になると思う。**

また、この先の人生で絶対にずっとつきあっていくことになるのが、自分自身だよね。心理学部での授業を通して自分自身について理解を深めることは、どんな人生を歩むにしても、必ず糧になると思うよ。

**人、データ、自分と向き合う技術が活かされる**

# 2章

# 心理学部では
# どんなことを学びますか？

# Q4 心理学部には主にどんな学科がありますか？

## 「心理学科」のみが多い

心理学部の場合、学科はひとつのところが多い。心理学部は、文学部や理工学部、医学部、薬学部といったほかの学部に比べると、新しい学部なんだ。

日本の大学ではじめて心理学部ができたのは愛知県にある中京大学で、2000年のこと。もともとは文学部のなかのひとつの学科だった心理学科を独立させ、「心理学部心理学科」としたのが最初だ。だから、ほかの大学の心理学部も、できたのは2000年以降なんだ。当時は、心の悩みをもつ人が増えて、心の健康を守る専門家をそれまで以上に多く養成することが社会課題となっていたんだよ。

ほかの大学でも、文学部や教育学部の一学科として置かれていた心理学科を心理学部として独立させたところがほとんどだから、心理学部は、複数の学科に分かれているところは少ない。ただ、その名称は「心理学科」「臨床心理学科」「心理カウンセリング学科」

など、大学によってさまざまだよ。

## 心理の専門職をめざす人も、心理学をバランスよく学びたい人も

では、その学科の内容はというと、公認心理師や臨床心理士などの心理の専門職をめざせるカリキュラムを整えつつ、専門職志望ではない学生の知的好奇心も満たせるように、幅広い領域の心理学の授業をバランスよくそろえているところが多い。

ただ、学科の名称によって「何を主にしているのか」は少し違っていて、心理学科の場合は幅広い心理学をバランスよく学べて、一人ひとりの興味・関心に合わせて授業を選べるようにしているところが多い。一方、臨床心理学科や心理カウンセリング学科の場合は、名前の通り、臨床場面で活きる知識を身につけることに重きを置いているところが多いんだ。

ところで、名称といえば、学部の名前も大学によって違いがあるよ。この本では「心理学部」で統一しているけれど、「総合心理学部」「現代心理学部」「こども心理学部」といった名称の大学もある。あえてその名前にしているわけだから、総合心理学部は心理学や人間を〝総合的〟に探究することを大切にしている、現代心理学部は現代に即した新しい人間学をめざす——など、やっぱり思いが込められている。

## 二つの学科に分かれている大学も

ほとんどの大学の心理学部の学科はひとつのみだけれど、なかには二つの学科に分けている大学もあるよ。たとえば、ある大学の心理学部は「心理学科」と「教育発達学科」に分かれているし、別の大学の心理学部は「臨床(りんしょう)心理学科」と「対人・社会心理学科」に分かれていて、さらには「心理学科」と「映像身体学科」に分かれている大学もある。

教育発達学科は心理学と教育学と障害科学が融合(ゆうごう)した学科で、対人・社会心理学は人間関係や社会現象を心理学からひもとくとともに対人スキルを養う学科、映像身体学科は映像と身体をテーマに学

### 心理学部にある主な学科

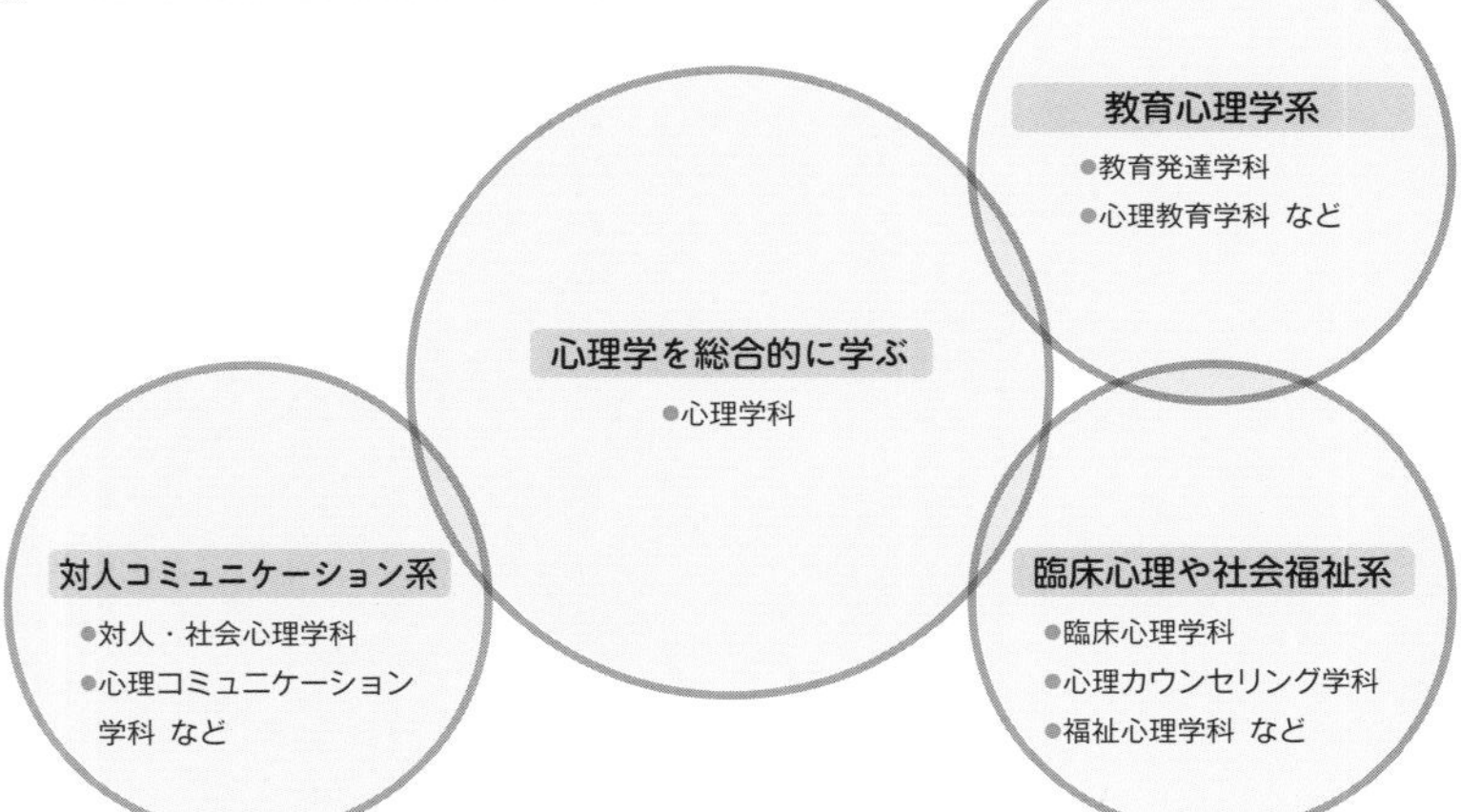

教育心理学系
- 教育発達学科
- 心理教育学科 など

心理学を総合的に学ぶ
- 心理学科

対人コミュニケーション系
- 対人・社会心理学科
- 心理コミュニケーション学科 など

臨床心理や社会福祉系
- 臨床心理学科
- 心理カウンセリング学科
- 福祉心理学科 など

ぶ学科……と、それぞれの大学の独自性が強い。

## 学部ではなく、学科の場合も

心理学部という学部として設けている大学は少ないけれど、心理学を学べるのは、心理学部だけではない。**文学部や教育学部、人間科学部、社会福祉学部などの学科のひとつとして心理学科を設けている大学もあるんだ。**

その場合、大学入試の時点で学科が分かれているところもあれば、2年次から分かれるところもある。後者の場合、大学入学後、1年間はいろいろな授業を取ったり、先輩や先生から話を聞いたりして、どの学科を選ぶか悩むことができるんだ。心理学以外の学問にも興味のある人にとっては魅力的かな。ただ一方で、そういう場合、心理学科としての規模は小さい傾向にある。大学によっては特定の領域の心理学に特化している心理学科もあるから、「入ってみたら、自分の学びたい心理学ではなかった……」なんてことにならないように、ちゃんと調べてから受験しよう。

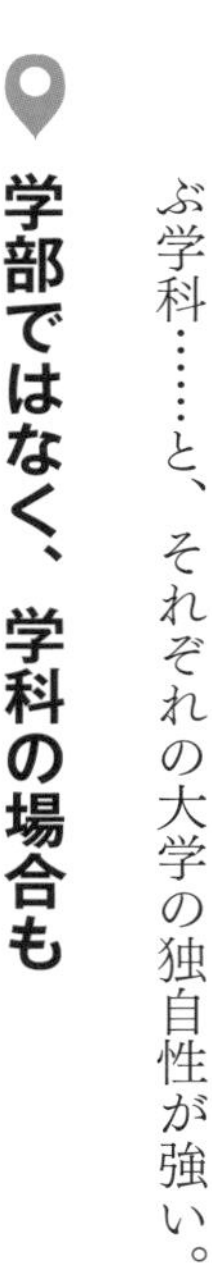

**メインは、心理学を幅広く学ぶ「心理学科」だよ**

# Q5 心理学科では主にどんなことを学びますか？

## 公認心理師をめざすには必須の25科目がある

ここからはいちばんベーシックな「心理学科」での学びについて見ていこう。

多くの心理学科は、国家資格である公認心理師の受験資格が得られるようにカリキュラムが整備されている。というのは、公認心理師になるには、大学を卒業したあとに大学院に進学するか、指定された施設で2年以上の実務経験を積まなければいけないのだけれど、大学で必ず学ばなければいけない教科も決められているんだ。どんなことを学ばなければいけないのかというと、29ページの図のように、25科目あるよ。

まず「公認心理師の職責」は、公認心理師とはどんな資格で、社会においてどんな役割を担うのかということを学ぶ授業だ。また、「心理学研究法」「心理学統計法」などは心理学を学ぶために必要な基礎知識を学ぶもの。そして、公認心理師は心の健康を守るための専門家だけれど、仕事内容に直結する臨床心理学以外にも、「知覚・認知心理学」「学

習・言語心理学」など、心理学のさまざまな分野の基本理論を学ぶ。

さらに、公認心理師が活躍することになる現場には、医療（病院やクリニック）、福祉（福祉施設）、教育（学校）、司法（裁判所や司法施設）、産業（企業）という、主に5分野ある。これらの分野における心理学も学ぶほか、それぞれの場所で合計80時間以上の「心理実習」も行うんだ。

## 心の専門家に求められる姿勢も学ぶ

ちなみに、公認心理師の職能団体である日本公認心理師協会は、公認心理師に求められる資質や能力としてつぎのような項目をあげている。

### 公認心理師の必修科目

1. 公認心理師の職責
2. 心理学概論
3. 臨床心理学概論
4. 心理学研究法
5. 心理学統計法
6. 心理学実験
7. 知覚・認知心理学
8. 学習・言語心理学
9. 感情・人格心理学
10. 神経・生理心理学
11. 社会・集団・家族心理学
12. 発達心理学
13. 障害者（児）心理学
14. 心理的アセスメント
15. 心理学的支援法
16. 健康・医療心理学
17. 福祉心理学
18. 教育・学校心理学
19. 司法・犯罪心理学
20. 産業・組織心理学
21. 人体の構造と機能及び疾病
22. 精神疾患とその治療
23. 関係行政論
24. 心理演習
25. 心理実習（80時間以上）

・心理的アセスメントや心理支援等を総合的に行う力
・要支援者の自己決定を徹底して尊重する専門性
・実践の結果を踏まえて逐次対応を修正してゆく反省的実践
・関係性の重視
・科学的知識と方法
・文化的多様性や個別性の尊重
・学際的な多職種協働の重視

つまり、専門的な知識やスキルだけではなく、相手を尊重する人間性やさまざまな職種の人たちと協力して働くコミュニケーション能力なども必要なんだね。こうした姿勢も、4年間の勉強を通して養っていくんだ。

## 基礎から専門へ、段階的にレベルアップしていく

公認心理師になるために必須の科目以外は、大学によって違いがあるよ。

心理学にはいろいろな分野があって、大きく分ければ基礎心理学と応用心理学がある、と説明したよね。基礎心理学も応用心理学もしっかり学ぶことを大事にしている大学もあれば、社会とのつながりの強い応用心理学のほうを重視したカリキュラムになっている大

## 実験や実習も交えながら、心理学を幅広く学ぶ

学もある。

また、基礎心理学と応用心理学という分け方以外にも「認知心理学領域」「発達心理学領域」「社会心理学領域」「臨床心理学領域」といった代表的な心理学の領域で分けられることもあるよ。心理学科では、まず心理学を学ぶために必須の統計学や研究方法などについての基礎知識を学び、つぎに、前述のような代表的な心理学の基礎理論を演習も交えながら幅広く学ぶ。そして、学年が上がっていくにつれて、自分の関心のある分野の授業を多く選択したり、関心のある分野を専門とする先生のゼミ（研究室）に入ったりしながら、より専門的に学んでいくんだ。

# Q6

# 心理学科の基礎領域では何を学びますか？

## 「心理学とは何か」を学ぶ

心理学科に入ると、まず心理学を学ぶために必要な基礎的な知識やスキルを学んでいく。心理学を学ぶための土台づくりだね。

あるイラストを見せて、「これは何に見えますか？　○○に見える人はこんなタイプ、△△に見える人はこんなタイプ」というような心理テストがよくあるよね。そうした心理テストが好きで心理学に興味をもった人も、もしかしたらいるかもしれない。でも、巷にあふれている心理テストのほとんどは、科学的根拠はないんだ。だから、心理学とはいえないんだよ。

大学で学ぶ心理学とは、あくまでも科学的なアプローチによって人や心をひもとこうとする学問だ。４年間をかけて自分たちが学んでいくことになる心理学とはどういうものなのか、ということをまずは学ぶんだ。

## 心理学の歴史を学ぶ

心理学という学問が成立したのは19世紀後半のこと。まだ歴史の浅い学問だ。でも、その前から心に関心は寄せられていた。古代の人たちが心をどのようにとらえていたのかということから、心理学という学問がどのようにして生まれ、その後、心というものを科学的に解明するためにどのようにアプローチされてきたのかという心理学の歴史を学ぶよ。

## 心理学の研究方法を学ぶ

心理学は人や心を科学的に解明するもの、とくり返し伝えてきたよね。見えない心をどうやって科学的に解き明かしていくんだろう？　それには、実験、調査、観察、インタビューといったいくつかの方法があるんだ。それぞれの方法について学ぶとともに、得られたデータを分析して、結果を考察し、レポートにまとめるという一連の流れを体験するなかで、科学的なものの見方を養っていくんだ。

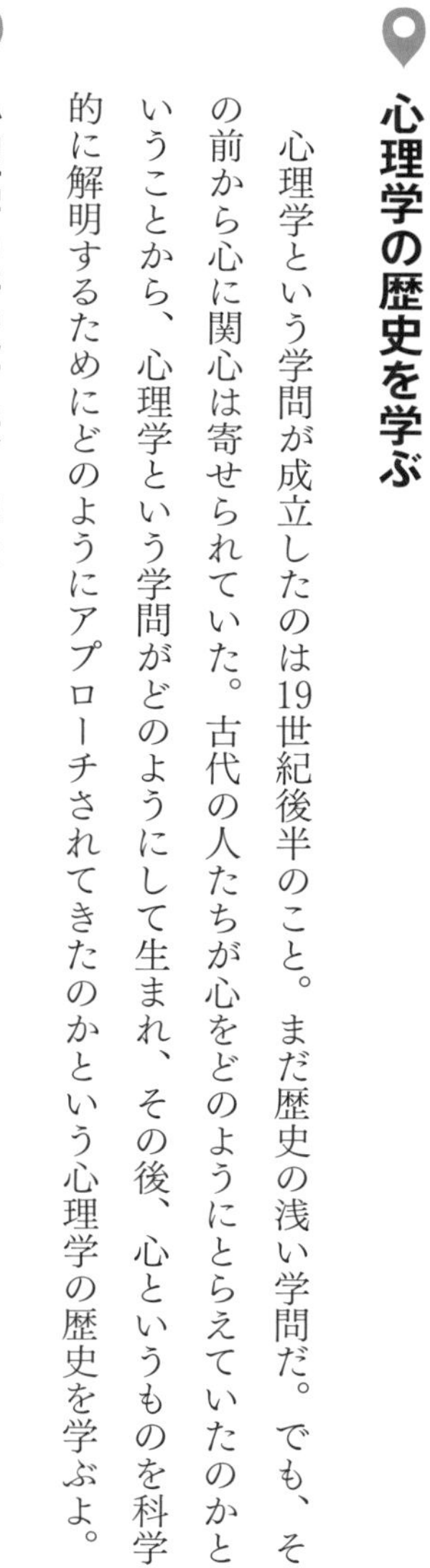

# Q7 心理学科の認知心理学領域では何を学びますか？

## 知覚や認識、記憶の仕組みを学ぶ

止まっているエスカレーターに足を踏み入れた時に、なんだか変な感じがしてバランスを崩しそうになったこと、ないかな？ これは脳の〝思い込み〟のせいなんだ。目で見て「エスカレーターが止まっている」と気付いても、これまでに何度もエスカレーターに乗ってきた経験から、脳がつい「エスカレーターに乗り込む時の動作」を体に指示してしまうため、重心を前に傾けてしまって動作がちぐはぐになってしまうんだよ。

こんなふうに私たちは、見たもの、聞いたものなど、まわりの環境をありのままにとらえているわけではなく、無意識のうちに、これまでの経験から得た知恵もプラスして脳内で情報を再構築している。それは賢さでもあるけれど、ときに間違ったりもするんだ。

認知心理学では、人はどんなふうに情報を知覚、認識、記憶しているのかといったメカニズムを学ぶよ。

## 「知覚心理学」や「神経心理学」も

認知心理学に近い分野に、知覚心理学と神経心理学がある。知覚心理学は、見る、聞く、触る、嗅ぐ、味わうといった、さまざまな感覚を通して物事を知覚する仕組みについて研究する心理学だ。一方、神経心理学は、脳に損傷を受けた人の高次機能（話す、考える、判断するといった人間特有の脳機能のこと）がどうなるのかという研究から始まった分野で、脳の構造と心の働きの関係性を見ていく心理学だよ。

**知覚心理学や神経心理学も含め、認知心理学領域は、脳内の情報処理のプロセスを調べることでもあり、実験という手法がよく使われる。だから、これらの心理学は「実験心理学」と呼ばれることもあるんだ。**心理学のさまざまな領域のなかでもいちばん理系に近いのが認知心理学の領域だ。

認知心理学のゼミに入ったある学生さんは、「『本当にそうなのか、なぜそうなるのか』を実験でしつこく追究していくから、納得できておもしろい」と語ってくれたよ。

人はどうやって物事を認識しているのか、そのメカニズムを学ぶ

Q8

# 心理学科の発達心理学領域では何を学びますか？

## 人の心の発達過程を学ぶ

生まれてから死ぬまでの間に人の心はどのように変化していくのか、その変化に影響を与えるものにはどんなことがあるのかを学ぶのが、発達心理学だ。お母さんのお腹の中から生まれ出た赤ちゃんがどうやって人への信頼感を育てていくのか、幼児期になって自由に体を動かせるようになった子どもがどうやって自律性を養っていくのか、どんな遊びのなかで社会性が培われていくのか、など、人間の成長に必要な課題も学んでいくよ。

また、一般的な発達とは異なる発達過程についても学ぶ。「発達障害」という言葉は聞いたことがあるかな。発達障害にもいくつかの種類があるけれど、生まれつきの脳の機能の違いによって、言葉の発達が遅れたり、他者とのかかわりが苦手だったり、落ち着きがなくじっとしていられなかったりすることをいうんだ。そうした発達障害についても、検査や支援の仕方も含めて学ぶ。ただ、ここで大事なことは「一般的にはこういうふうに発

達していく」といっても個人差があるよね。障害も「ある、なし」ではなく、グラデーションがあって、十人十色なんだ。一人ひとり違うことを知るのも、大事な学びだよ。

## 「教育・学校心理学」や「老年心理学」も

学校生活を送るなかで、学習面や生活面、友人との関係などで困難にぶつかったことがある人もいるかもしれない。**課題を抱える子どもたちの問題解決を手助けし、子どもの成長をサポートするために必要な知識や方法を学ぶのが教育・学校心理学だ。**子どもとのかかわり方だけではなく、子どもと教師の関係にどうかかわるかといったことも学ぶよ。

また、「発達」と聞くと、子どもの発達を思い浮かべると思う。でも、高齢になってからも、衰えていく部分もあれば、成長する部分もある。だから、「乳幼児心理学」や「児童心理学」「青年心理学」だけではなく**「老年心理学」もあるんだ。**病院で多くの高齢者と接している心理職の人は、「尊敬の念をもって接することができるので、大学時代に高齢者の発達を知る機会があってよかった」と話してくれたよ。

# Q9 心理学科の社会心理学領域では何を学びますか？

## 人は他者からどのような影響を受けるのかを学ぶ

社会心理学に関連する有名な実験がある。3本の線のなかから見本の線と同じ長さの線を選んでもらうというごく簡単な課題だ。これを一人で解いてもらうと全員が正解を答えられた。ところが、数人がわざと間違った回答を行ったあとに回答してもらうと、正解率がぐっと下がったんだ。変だなと思いつつも間違った答えにつられてしまう人が多かったんだよ。これは、心理学者のソロモン・E・アッシュという人が行った実験で、「アッシュの同調実験」と呼ばれている。

自分では「こうかな」と思っていても、ほかの人の意見と違ったらちょっと自信がなくなって、ついまわりに合わせてしまうことって、確かにあるよね。人は、集団のなかに入ると、いつもとは違う行動を取ってしまうことがある。もちろんプラスの変化もあって、スポーツでも勉強でも、まわりに影響されていつも以上にがんばれたという経験をもつ

人もいるかもしれない。そのように、個人の感情や判断、行動に他者や集団がどのように影響するかを研究する学問が社会心理学なんだ。

人は必ず他者とかかわりながら生きていて、人間がかかわるものはすべて社会心理学の研究対象となるから、コミュニケーションや組織のリーダーシップ、家族、メディア、文化、はたまた恋愛なども研究テーマになるんだよ。

## 「消費者心理学」や「犯罪心理学」も

まわりに影響を受けて行動が変わるといえば、消費という行動もそうだよね。ある物を買った時に「なぜ、その商品を選んだのか」をふり返ると、「広告を見て」とか、「となりに置いてあった商品よりも安かったから」とかいろいろな理由があると思う。そうした消費行動に働く心のメカニズムを探究するのが消費者心理学だよ。

また、なぜ人は罪を犯すのかという犯罪に至った心理的要因を解き明かしたり、犯罪者が立ち直るための支援や被害者の支援について研究する「犯罪心理学」という分野もあるよ。

**他者や集団が人の行動に与える影響を学ぶ**

# Q10

# 心理学科の臨床心理学領域では何を学びますか？

## 心の問題を抱える人を支援する方法や心構えを学ぶ

心理学科で学ぶこととしてまず思い浮かべるのが、カウンセリングじゃないかな。これは心理学科のなかでも臨床心理学の領域で学ぶことだよ。**臨床心理学は、心の病気や問題を抱えている人に対して支援を行っていくとともに、その理論や方法論を研究する学問だ。**

心の問題を抱える人を支援する方法には、一対一での対話を通したカウンセリング以外にもいろいろな方法があるんだよ。たとえば、言葉の代わりに絵やコラージュ、音楽などを使って自分の心の中を表現してもらう「芸術療法」や、家族をひとつのシステムととらえて家族にアプローチする「家族療法」などもあるよ。

また、同じできごとに遭遇しても、それをどうとらえてどんな行動を取るかは人によって違うよね。そこにはその人の考え方のクセが隠れている。もしもそのクセが心の不調につながっているのだとしたら、そのクセを見直すことで心の健康の回復をめざそうという

「認知行動療法」というものもある。
こうしたいろいろな支援方法を実践も交えて学ぶほか、相談に来たクライアントと信頼関係を築くためのコミュニケーションの仕方や心構えについても学ぶ。また、心の状態を理解するためのいろいろな心理検査についても学ぶよ。

## 「精神医学」や関連法も学ぶ

心の病気を抱える人を支援するには、心の病気そのものについて知っておかなければいけないよね。**心の病気にはどういうものがあるのか、それぞれどんな原因で起こり、どんな症状が出て、どんな治療が行われるのか。脳や神経をはじめとした体の仕組みも理解しながら学んでいくよ。**

それから、心理の専門職として働いていくには、関係する法律への理解も欠かせないんだ。たとえば、公認心理師は公認心理師法という法律で定められている。医療や福祉、教育、司法、産業というそれぞれの分野の法制度についても勉強するよ。

**心の問題を抱える人を支援するのに必要な知識や方法を学ぶ**

# Q11 心理学部と結びつきやすい学問ジャンルはなんですか？

## 心理学は哲学と物理学、生物学の融合？

心理学は比較的歴史の浅い学問だ、と紹介したよね。**心理学は哲学から生まれた学問なんだ。**人間とは何か、生きるとは何か、心とは何か——。そうした根源的な問いを追究するのが哲学だ。その問いに自然科学的なアプローチで迫ろうとしたのが心理学だよ。

さらにいえば、**心理学は哲学から派生して物理学や生物学が融合したもの、ともいわれている。**物理学と生物学はちょっと意外かもしれない。でも、物理学というのは自然界の根本原理を解き明かそうとする学問だ。一方で心理学は、心のメカニズムを解き明かそうとする学問だから、「根本的な原理を解き明かそう」「基本法則を明らかにしよう」という姿勢は共通しているんだ。

また、人間も生物だよね。ペットを飼っている人は、ペットの行動や反応を見ながら「人間と同じようなことをするんだな」「こういうところは人間と違うな」などと気付くこ

とがあるんじゃないかな。心理学では、動物を実験対象として観察することで、人間の心の仕組みを解明しようとする研究方法もよく行われるんだよ。

## 科学的なアプローチには欠かせない「統計学」

心理学を学ぶには統計学の知識が必要だということは、くり返し伝えてきたよね。だから、**「結びつきやすい学問」と聞かれれば、統計学も外せない。**

心理学部のある先生は「心理学は方法論にうるさいんです」と教えてくれた。つまり、実験や調査の結果からある知見を導き出す時に、どうやってその結論に達したのかというプロセスが厳しく問われるということ。だから、心理学を学ぶと、データの分析(ぶんせき)の仕方、解釈の仕方という数字の扱(あつか)い方(かた)が鍛(きた)えられるんだね。

## 体の仕組みを知る「医学」や「生理学」

心ってどこにあるんだろう？「ハート」という時には心臓の部分を指すけれど、心とより直接的に結びついているのは脳や神経なんだ。実際に、脳内のある神経伝達物質が増えたり減ったりすると、気持ちが落(お)ち込(こ)んだり逆に落ち着いたりすることがわかっている。だから、心の病気の治療(ちりょう)には脳内の神経伝達物質を増やしたり減らしたりする薬が使われているんだよ。そんなふうに深く関係している脳と神経と心の関係について研究する「神経・生理心理学」という分野もあるんだ。

また、心と体も関係しているよね。すごく心配なことがあって食欲がなくなったり、緊張した時にお腹が痛くなったりしたことはないかな？　心の問題は体の症状として現れることもあるんだ。逆に体の病気を抱えた人が精神的にも落ち込んで心の病気を発症することもある。**心と体は切っても切れない関係にあるものだからこそ、心理学部では人体の構造や機能についてもひと通り学ぶよ。**

## 人のあり方を追究する「教育学」「人間科学」「社会福祉学」

教育学部や人間科学部、社会福祉学部のなかに心理学科が置かれている大学もある、と紹介したよね。それはやっぱり関連があるからなんだ。

教育学とは教育という視点から人間について考える学問で、人間科学とは「人間とは何か」を追究していく学問、社会福祉学はなんらかの生きづらさを抱えている人に寄り添いサポートをするとともに、誰もが生きやすい社会のあり方を考える学問のことだ。ね、どれも心理学に近い学問だよね。「教育心理学」「福祉心理学」といった分野もあるよ。

**教育学、人間科学、社会福祉学、そして心理学にも共通しているのは「人間」について**

**考えること。**そのなかで、科学的なアプローチをより大事にするところが心理学の特徴だ。

## 人の営みを考える「経済学」「経営学」

1巻から買いそろえているマンガが「おもしろくなくなってきたな」と思いつつも、今まで買ってきたからという理由で新刊を買い続けてしまうことはないかな？　それまでにかけたコストをむだにしたくないという心理が働くと、人は惰性的に続けるという選択を採ってしまいやすいんだ。このことは「サンクコスト（埋没費用）効果」と呼ばれているよ。**これは、経済学と心理学が融合した学問である「行動経済学」の理論のひとつなんだ。**従来の経済学の世界では「人は合理的な判断をするもの」として研究が進められてきた。でも、現実的にはそうではないよね。そこで心理学の知見も加えて、人の行動について研究されるようになってきたんだ。また、**経営学は経営について考える学問だけれど、組織は人の集まりだし、サービスや商品の提供相手は人だ。だから人の心理を考えることは欠かせない。**そのように、人がかかわるすべての分野に心理学はかかわるんだ。

**心理学はあらゆる分野にかかわるよ**

# 人を助けたい 人間観察が好きなあなたへ

立正大学
心理学部臨床心理学科　教授
田中輝美さん

取材先提供

専門はスクールカウンセリング、公認心理師・臨床心理士。高校３年生で文転して心理学部へ。１年生ではピンとこず、２年生で心拍や血圧などを測定しながら心理療法に対する反応を調べる研究を手伝った時にしっくりきて「心理学をもっと理解したい」と思ったそう。

## 「この人はどんな人？」から始まる学問

初対面の人と話をする時、「この人はどういう人だろう？」と想像して、反応の仕方を考えますよね。たとえば、今までに会った人を思い出して「あの人に近いタイプかな」と考える、とか。そのように〝人間〟について考えることから、心理学は始まりました。そして、もっといろいろな切り口、かつ、科学的な方法で人を理解しようと発展してきたのが心理学です。

では、人を理解するためにどんな切り口があるのでしょうか。たとえば、同じものを見ても人によって見え方は変わります。５セント硬貨を見た後にそれを見えないようにして「どれくらいの大きさかな」と問うと、貧しい地域の子どもたちと豊かな地域の子どもたちでは、「このくらいの大きさ」という回答が違うのです。「その人が抱えるいろいろな背景も含めて、世の中のとらえ方にどのような個人差があるのか」などを研究しようとするのが「認知心理学」です。

また、その人の能力を測定するテストの開発や効果的な学習方法の研究から発展した「教育心理学」もあります。

ほかにも人間を理解するためのいろいろなアプローチの仕方があり、それらをまとめて心理学と呼んでいます。

### 人を助けたい？　それとも人間観察が好き？

立正大学では、心理学部のなかに「臨床心理学科」と「対人・社会心理学科」という二つの学科を設けています。どちらもベーシックな心理学で得られる知見をいかに社会に応用するかという「応用心理学」と呼ばれる分野です。臨床心理学はカウンセリングなどの人の心のケアにつながり、対人・社会心理学は消費者行動やマーケティングといった社会現象の説明に応用されます。どちらも社会に貢献する度合いの強い心理学なのです。

ちなみに、オープンキャンパスなどで「臨床心理学科か対人・社会心理学科か迷っている」という相談を受けた時には、「人を助けたい人？」と聞いています。対人援助の志向が高い人は臨床心理学、客観的な対象物として人間観察が好きな人は対人・社会心理学のほうが合っているかもしれません。

どちらの学科でも、1、2年生では基礎を学び、3年生になると演習が増えるという流れは同じです。基礎の部分はどうしても抽象的になりやすいので、学生たちに興味をもってもらえるよう工夫しています。

たとえば、私が担当している2年生の「心理療法」という授業では、臨床心理学の〝三大流派〟ともいえる精神分析、行動療法、来談者中心療法（いわゆるカウンセリング）を順に解説するのですが、座学で、なおかつ専門用語もたくさん出てくるので、どうしても退屈になりやすいのですね。だから、「こういう人っているよね」などと一般的な話とからめながら伝えています。

　精神分析であれば、「いつも『愛してる？愛してる？』と確認する女の子いるよね？そういう子は0歳から1歳までの『口唇期』という発達段階で満たされなかったのかな、とフロイト的に考えたりね」など。このように身近な例をあげると、想像しやすいですよね。

## カウンセラーにならなくても役立つ

3年生になると、対人・社会心理学科では調査の企画から実施、分析、発表までを1年かけて行う「社会心理調査実習」があったり、臨床心理学科では「心理演習」でカウンセリングのロールプレイを行ったり、実践が増えます。たとえば、心理演習では、教科書に載っているカウンセリングの内容を、イエス・ノーで答えられる閉ざされた質問と、自由に答えるオープンな質問に分類してもらう。そうすると、両方をうまく組み合わせないと話が発展しないことがわかります。また、クライアントが話した内容のなかで重要な言葉を取り上げて伝え返す「リフレクション」という技法があります。それができると、話している人に「ちゃんと理解してくれている」

と実感してもらえるのですね。そういう訓練も行います。

　これはカウンセリングの技法ですが、相手のニーズに応える会話術でもあります。だから「カウンセラーにならなくても、学んだものが生きている」という声は卒業生からよく聞きます。ある人は透析などの医療機器を個人のお宅に販売する営業職に就いたのですが、どこでどのように使うのかといったことをすべて聞き取りしてその人に合わせてカスタマイズすることが重要だそうで、「その聞き取りの過程がほぼカウンセリングなんです」と教えてくれました。

## 「人」という対象に迫る

　心理学を学べる大学は多数あっても、学部としてはそう多くありません。立正大学の心理学部は２０２２年に20周年を迎えました。心理学部としては歴史があるほうなので、その分、国家資格である公認心理師の資格に対応しつつ、学生のニーズにも応えられるようカリキュラムを工夫してきました。

　たとえば４年生の実習では付属学校のカウンセリングルームやクリニック、福祉施設の見学のほか、スクールカウンセラーや法務教官、企業でメンタルヘルス相談を担当している方の話を聞くなど、幅広い現場を知る機会をつくっています。また、深層心理学や子どもの臨床心理学といった、学生たちに関心の高い授業も積極的にそろえています。

　人を助けたいと思っているあなた、こっそり人間観察しているあなた、心理学部には人という対象に迫るいろいろなアプローチがあります。ぜひ心理学部にいらしてください。

# 人の行動すべてにかかわり あらゆる場で生きる学問

立命館大学
総合心理学部　教授
安田裕子さん

著者撮影

高校時代に臨床心理学に興味をもち、臨床心理士をめざして心理学部に入学するも、一度は企業に就職。でもやっぱり心理職に就きたいと思い直し、大学院へ。そこで「質的心理学」に出合い、「研究もおもしろい！」と、研究、臨床、教育の道に。

## 心理学の題材はあらゆるところに

「心理学を教えています」と言うと、「私（僕）の心が読めますか？」と尋ねられることがあります。その質問が読心術のようなことを意味するのなら、答えは「否」です。

人の心は複雑で、状況や相手によって変わるものでもあります。たとえば「生真面目」というパーソナリティーも、ある人にとっては生真面目に見えるかもしれませんし、別の人には誠実に映るかもしれません。心は首尾一貫したものではなく、状況や人間関係によって変わる多面的なものです。ですので、心理学を学べば人の心が読めるようになるかというと、そんなことは決してありません。もっとも、心のありようをいろいろな角度から探究することはできます。

それでは、大学で何を学ぶことができるのでしょうか。立命館大学の総合心理学部では「心理学を総合的に学ぶ」ことと「人間を総合的に理解する」ことを二本柱にしています。

まず心理学とひと言でいっても、幅も広ければ層も厚い。たとえば、見ることを通してどう世界を知覚しているのか、そのメカニズムを調べる「知覚心理学」や、発汗や心拍数など生理的な反応・活動を計測することで心と身体の関係をとらえようとする「生理心理学」などがあります。これらは基礎心理学に位置づけられます。

また、人と人がいかにコミュニケーションをとるのか、その際に生じる葛藤にどう対処するのかということを扱う応用的な心理学の分野もあります。葛藤にも、友人とのケンカもあれば、家族内や夫婦間でのいさかい、あるいは裁判のような場での対立も。心理学の題材となる事象は各所にあります。このように幅広く存在するさまざまな心理学を総合的に学ぶのが、ひとつの柱です。

## 病と健康は連続的なもの

もう一方の柱である「人間を総合的に理解すること」は、心理学の近接領域の学問によって構成されます。哲学、倫理学、経済学、社会学、人類学など、人間を理解するための学問はさまざまにあります。心理学の各分野を専門とする教員だけではなく、心理学に関連するさまざまな分野を専門とする教員も加わり、人を多面的に理解するための学びを提供しています。

そのなかで私が担当している授業のひとつに「健康・医療心理学」があります。これは、心理的な側面、身体的な側面、生活習慣などの行動的な側面、対人・人間関係や集団などの社会的な側面、さらには文化的な側面といったさまざまなことが、いかに健康と疾病に影響するのかを探究する、学際的・応用的な心理学の一分野です。

健康と疾病は連続線上にあります。健康であったはずの人がどのような原因・過程で患うようになるのか。こうしたメカニズムを理解することは、臨床心理士や公認心理師として対人援助職をめざす人はもちろん、そうした職業に就かなくても、社会のなかで生きていく上で必要な力となると思います。

### 数字から見えるもの、語りから見えるもの

心理学の研究では、実験や質問紙調査でデータを収集し統計にかけるやり方が主流と言えるでしょう。ですので、統計の学びは欠かせません。

「統計は苦手」という学生は少なくありませんが、たとえ単位を取るためであったとしても、一生懸命に学んでいるうちに力がついてきます。楽しくなってきたという人もいます。数量データの扱い方も分析力も結果の解釈の仕方も鍛えられますので、そうした力は社会に出た時に必ず強みになります。

ところで、多くの数量データを集めて分析する量的研究に対して、質的研究と呼ばれる研究のタイプがあります。たとえば「あなたは人前で上がりやすいですか？　5段階で答えてください」という質問紙調査を行うことでとらえられるものがある一方、数量化することでこぼれ落ちてしまうものもあります。数量ではとらえられないことを探究しようと

するなかで生まれたものが質的研究です。

質的研究では、「あなたは人前で上がりやすいですか?」という問いに対し、「こういう状況ではこうで、でもこういう時には……」と語られた、その言葉を分析の対象とします。人がどのような経験をしているのか。時に大変なできごとに直面しながらも、どのように対処し、歩んできたのか。このように、その人の生きる文脈に即してとらえればこそ、わかることがあります。質的研究では、量的研究とは違うものの見方を学ぶことができます。

立ち位置や観点を変えることでものの見方はまったく異なることや、あたりまえとされることを疑う姿勢なども、学んでほしいと思っています。質的研究を行っている教員が多く集まっていることも、立命館大学の総合心理学部の特徴のひとつです。

## 幸せになる道筋に心理学がある

世の中、自分の思い通りになることばかりではありません。悩んだり迷ったりすることもありますよね。そんな時に、なすすべがなく自分の人生のコントロール感を失うと、ダメージが大きいでしょう。しかし、心理学を学ぶことで、いろいろな理論を通して、なぜ気持ちが落ち込むのか、どう対処すればいいのかといった心理的なメカニズムを理解することができます。それは、私自身、心理学をやっていてよかったなと実感するところでもあります。

心理学を学ぶことで、生きる世界が広がります。幸せになるための道筋に心理学がある。そう、自信をもっていえます。

# 3章

# 心理学部のキャンパスライフを教えてください

# Q12

# 心理学部ならではの授業はありますか？

## いろいろな種類の実験を行う

心理学は心を科学的な方法で解明する学問であり、科学的なアプローチを大事にしている。だから、**心理学部での学びも実験や実習を重視しているんだ。**自分で研究計画を立てて、実験や調査を行い、集めたデータを解析して、結果を論文にまとめたりプレゼンテーションをしたりするというひと通りの流れを主体的に行えるスキルを養っていく。

たとえば、ある大学の「心理学研究法」という授業では、いくつかのテーマで自分たちが被験者となって実験を行い、そこで得られたデータを使って、分析や論文執筆の練習を行うそうだ。そのように学生たち自身が被験者として実験に参加することも多いよ。

また、心理学では人の生理機能から心の状態の変化を見たり、人の行動を観察したり、動物の行動を観察することで人の心を理解しようとしたりと、いろいろな種類の実験が行われる。それらに幅広く対応できるように、大学内には眼球運動測定装置や脳波・心拍な

どの生理機能計測装置を備えた実験室、部屋のようすを観察・記録することができる行動観察室、ハトやラットなどの動物実験を行う動物行動実験室、統計ソフトがインストールされたパソコンが並ぶデータ解析室など、いろいろな種類の設備・実験室があるよ。

## カウンセリングや心理検査のロールプレーも

**臨床心理学や教育心理学などの授業では、カウンセリングのロールプレーイングも行う。**2人または3人1組でクライアント役とカウンセラー役（と観察者役）になり、クライアント役が架空の悩みごとや、変えたいと思っている自分の短所などについて相談し、実際にカウンセリングを行ってみるんだ。カウンセリングは占いとは違って、カウンセラー側がズバズバと答えを提示するものではない。答えをもっているのはクライアントのほうだから、クライアント自身が答えに気付けるように、話を聞くことが大事だ。どのように質問をすれば相手の言葉をうまく引き出すことができるのか、どのように相手の言葉を受け止めれば安心して話してもらえるのか……など、話し方というよりも聞き方を練習するよ。

また同じように、**知能検査や性格検査などの心理検査についても、その理論を学ぶだけではなく、ペアワークやグループワークで実践しながら学ぶんだ。**

カウンセリングにしても心理検査にしても、クライアント役も体験することで、「こんなふうに声をかけてもらえると話しやすいな」などという気付きが得られる。その気付きをおたがいにフィードバックしたり、クラスで発表したりして、学びを深めていくよ。

## 病院やクリニック、学校などで「心理実習」を行う

公認心理師の資格取得をめざす人は「心理実習」も行う。保健医療、福祉、教育、司法・犯罪、産業・労働のいずれかの分野で80時間以上の実習を受けなければいけないんだ。このうち保健医療での実習は必須だから、病院かクリニックでの実習は必ず行われるよ。

実習の内容は大学ごとにちょっと違う。ある大学では、クリニックと学校、福祉施設には実際に見学に行き、それぞれの場所で働いている人に話を聞き、さらに少年院の法務教官や企業でメンタルヘルスケアを担当している人に講義に来てもらっていた。別の大学では、団体で行う見学実習とは別に、病院やクリニックでの個人実習も設けていて、個人実習では施設見学だけではなく、医師の診察や心理職の心理検査の見学も行うそうだ。

いずれにしても、実際の現場を見学し、実際に働いている人の話を聞くと、「理解が深まるし、座学で聞いているだけではわからないことがいっぱいあったことに気付く」という。学校も病院やクリニックも、当然、行ったことはあるよね。でも、生徒や患者として通うのと、そこで働くことはぜんぜん違うんだ。いろいろな人たちと協力しながらチーム

で動いていることに驚く学生が多いそうだよ。また、個別実習に参加した学生からは「心理検査を行う時の声のトーンや話しかけ方、目線の合わせ方など、一人ひとりの患者さんに合わせて変えていて、勉強になったし、あこがれます」と感想を聞いたよ。

ちなみに、学部時代の心理実習では、実際のクライアントのカウンセリングを見学したり、心理検査やカウンセリングを学生自身が担当したりすることはない。そうした実習は、大学院に入ってからなんだ。

## グループワークも多い

実験や演習が多い心理学部は、少人数のグループワークが多いことも特徴のひとつだと思う。あるテーマについてグループで話し合うような機会もたくさんあるよ。グループワークやグループディスカッションは、どの大学でも1年生から取り入れているから、学生同士も仲良くなりやすい。ある学生さんは「サークルに入らなくても、授業を受けているなかで自然に仲良くなるので、4年間楽しく過ごせました」と話してくれたよ。

実験、カウンセリングのロールプレー、心理実習など

# Q13 心理学部ならではの授業外活動はありますか？

## アクティブ・ラーニングにつながるボランティア活動

学生主体の能動的な学習法を「アクティブ・ラーニング」と呼び、心理学部でも重視する大学が増えている。その一環として、**ボランティア活動を推進している大学は多いよ。**現場に足を運び、当事者と話し、問題を直に知ることで、課題発見力や課題解決能力が身につくなど学びが大きいからだ。

スクールカウンセラーになりたいという夢をもって心理学部に入学したある学生は、不登校児童を支援するボランティアを行っているそうだ。2、3週間に1回、児童の自宅を訪問し、いっしょに遊びながら楽しく時間を過ごすことで、少しずつ対人関係の不安をなくしていこうという取り組みで、「実際にふれあうことで一人ひとりの個性を知れて、講義で学んだことがより深まります」と話してくれた（くわしくは84ページ参照）。

ほかにも、外国人への日本語学習支援、子育て支援、発達障害をもつ子どもへの学習支

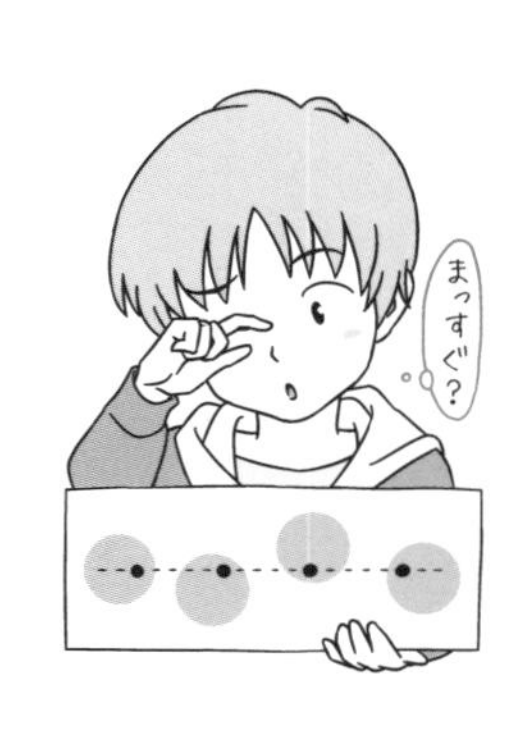

援、非行をしてしまった子どもの立ち直り支援など、いろいろなボランティアがあるよ。先生の紹介でボランティアを始める学生もいれば、ボランティアサークルに入って活動をする人も。また、多くの大学には、学生たちのボランティア活動を支援する「ボランティアセンター」があり、そこでも一人ひとりの興味にあった活動を紹介してくれるんだ。

## 心理学部ならではのクラブ活動

心理学部の授業は実験や演習が多いから、レポートの提出も多く、在学生に話を聞くとみんなから「結構忙しい」という言葉が返ってくる。でも、授業後や授業のない日にボランティア活動やアルバイトをしている人もいれば、サークル活動を楽しんでいる人も多い。複数の活動をかけもちしている人も少なくない。勉強だけで手一杯になってほかのことはできないというわけではないから、安心してほしい。

クラブ活動は、他学部との合同の部活動やサークル活動を楽しんでいる人ももちろんいるし、**「心理学研究会」や「臨床心理学研究会」「心理サークル」など、心理学部・学科の学生が中心となったサークルに入っている人もなかにはいる。**後者では、心理学にまつわるテーマで自由に研究を行い、おたがいに発表しあったり、学部の勉強について情報交換したりするほか、心理にかかわる現場でボランティアをしたり、心理学の知見を対人コミュニケーションなどの実生活で実践する練習をするなど、活動内容はいろいろだよ。

## 社会経験を積めるアルバイトやインターンシップ

**アルバイトは、働いた対価としてお金を得るという体験自体も貴重だけれど、学生のうちに社会経験を積めるという意味でも貴重な機会だ。**接客業では接遇マナーや敬語が身につくし、塾講師や家庭教師といった教育系のアルバイトではコミュニケーション能力が養われるなど、どんなアルバイトでも何かしら得られるものがあると思う。

また、授業と授業の間の空き時間（空きコマと呼ばれるよ）を活用して学内でスチューデント・アシスタント（ＳＡ）のアルバイトをしている人もいる。ＳＡは、実験や演習の授業を中心に、いっしょに授業を受けて、学生からの質問に答えたり、気付いたことを教員に伝えたりして、教員と学生の橋渡しをしながら授業がスムーズに運営できるようにサポートする役割だ。ある学生は、３年生の時に１、２年生の授業のＳＡをしたそう。

そのほか、児童福祉に興味があったから児童養護系の施設でアルバイトをしていたという卒業生もいた。アルバイトは、自分が興味のある業界を体験するチャンスでもあるんだ。

それから、インターンシップも興味のある業界で社会経験を積める貴重な授業外活動だよ。インターンシップは、学生が企業や行政機関などで自分の専攻や将来のキャリアに関連する就業体験を行える制度だ。

企業などで、そこの社員の人たちに交ざって実際の業務を体験することで、仕事の内容もより理解できるし、そこで働く人たちの雰囲気や企業のカルチャーも感じられる。自分自身がその仕事や企業に向いているかどうかの適性を判断するためにも役立つよ。

## オープンキャンパスや学祭で心理学を伝える

オープンキャンパスって知っているかな？　大学が、受験生などにキャンパスを公開して大学の雰囲気を知ってもらうイベントだ。そのオープンキャンパスにスタッフとして参加し、心理学部の紹介ブースを担当した学生もいたよ。心理検査をもとに参加者に似たタイプのアイドルを診断する「アイドル診断」など、楽しみながら心理学部について知ってもらう手伝いをしたそう。ふだんは大学で学ぶ側だけれど、オープンキャンパスや大学祭では参加者に伝える側にまわる。自分が学んできたことをいかに魅力的に相手に伝えられるかも、貴重な学びになるね。

**ボランティア、クラブ活動、アルバイトなどを楽しんでいる人が多い**

# Q14

# この学部ではどんな人や世界にふれることができますか?

## 社会で心理学を活かして働いている人の話を聞ける

Q12で紹介した心理実習では、病院やクリニック、福祉施設、学校、裁判所や司法施設、企業などで働いている心理職の人の話を聞くことができる。施設見学や講義の前には、事前学習として、それぞれの領域の仕事について調べて、聞きたいことをグループで話し合い、その内容を講義に盛り込んでもらうという大学もあった。

この心理実習は公認心理師の資格取得をめざす学生のみが対象だけれど、そのほかの授業でも、心理学に関係する学外の人を招いて話を聞く機会をつくっている大学は多い。ある大学では、心理学部出身の研究者や企業人などを毎回ゲストスピーカーとして招く授業を設けているそう。学生たちに心理学と社会の接点について知ってもらうとともに、自身のキャリア形成について考える機会にしてもらっているんだ。

また、別の大学では、少人数のグループで心理職として働いている人にインタビューす

る授業があるそうだ。どんな仕事をしているのか、勤務日はどんなスケジュールで働いているのか、それぞれの職場でどんなことが学べるのか、どんな人生設計を考えているのか――。少人数でのインタビューだからこそ、ざっくばらんに聞くことができる。

さらには、産学協同といって産業界（企業）と連携した学びを取り入れる大学も出てきている。大学時代のゼミで企業との共同プロジェクトに参加した卒業生は、「心理学部の学びがものづくりに活かせることを実感できた」と話していた。

在校生や卒業生に話を聞くと、みんな、心理学の勉強はおもしろいと話してくれる一方で、「将来の就職や仕事とどうつなげればいいのか、最初は迷った」という声も聞いた。だからこそ大学側も、学生自身が自分のキャリア形成について考えやすいように、心理学と社会とのかかわりをさまざまな形で伝えているのだと思う。

## 身近な興味・関心から新しい世界が開かれる

ゼミや調査研究の授業では、学生自身が主体的に研究を進める機会がある。今回インタビューをさせてもらった学生たちの卒業研究や調査研究のテーマは、「アーティスト活動において匿名は本当に得なのか？」「その声らしい顔とは？（声から顔を可視化できるか）」「自分の能力がＡＩに脅かされることがあれば、人はＡＩを否定的にとらえやすいのか?」などだった。どれも興味深いテーマだよね。

「研究は〝サムシング・ニュー〟を生み出す行為だから、新しい世界が開かれる」と教えてくれた先生もいた。なかでも心理学の研究は、直接的に人がかかわる学問分野だからこそ、身近な疑問や悩みが研究テーマを考えるきっかけになることも多い。身近な興味・関心から新しい世界が開かれていくというのは、知的好奇心が満たされる営みだと思う。

## 新しい考えに出合える

**「心理学部では、今までふれることのなかったような思想や考え方に出合える」と話してくれた学生もいた。**たとえば、「障害者・障害児心理学」という授業ではインクルーシブな考え方を学んだそうだ。インクルーシブとは、「包摂的」という意味だ。ともすると、障害をもつ人などのマイノリティー性のある人をいかに包摂していくかという文脈で語られるが、そうではなく、「インクルーシブな考え方は、すべての人が生きやすい社会をめざすためにあるのであって、障害者のためだけに存在するわけではない」と学んだそう。

そうした新しい考え方に出合えることはすてきなことだね。対人関係などの悩みをきっかけに心理学部に興味をもつ人も多いけれど、こうした新しい考えに出合うなかで、自分なりの答えを見つけられるんじゃないかな。

教える側の先生も「ものも、人も、どの角度から見るかによって見え方はまったく違うということを学んでほしいし、常識を疑う、あたりまえを疑うということを必ず伝えています。新しいものの見方によって世界観を解体・再構築していく姿勢は、どんな世界にいっても役立つと思う」と話してくれたよ。

## 留学や海外フィールドスタディーで海外の文化にふれる

心理学部に限ったことではないけれど、どの大学もグローバル教育に力を入れている。全学部共通の語学留学だけではなく、**海外の心理学部の学生との交換留学など、心理学部独自の留学プログラムを設けている大学も多いよ。**

心理学の分野のひとつに「文化心理学」というものもある。文化も人の心に影響を与えるよね。文化と人間の心理の相互的なかかわりを探究するのが文化心理学だ。留学や海外でのスタディープログラムに参加するなかで異文化にふれることは、心理学を学ぶ上でも、一人の人間としても、視野を広げてくれるはずだよ。

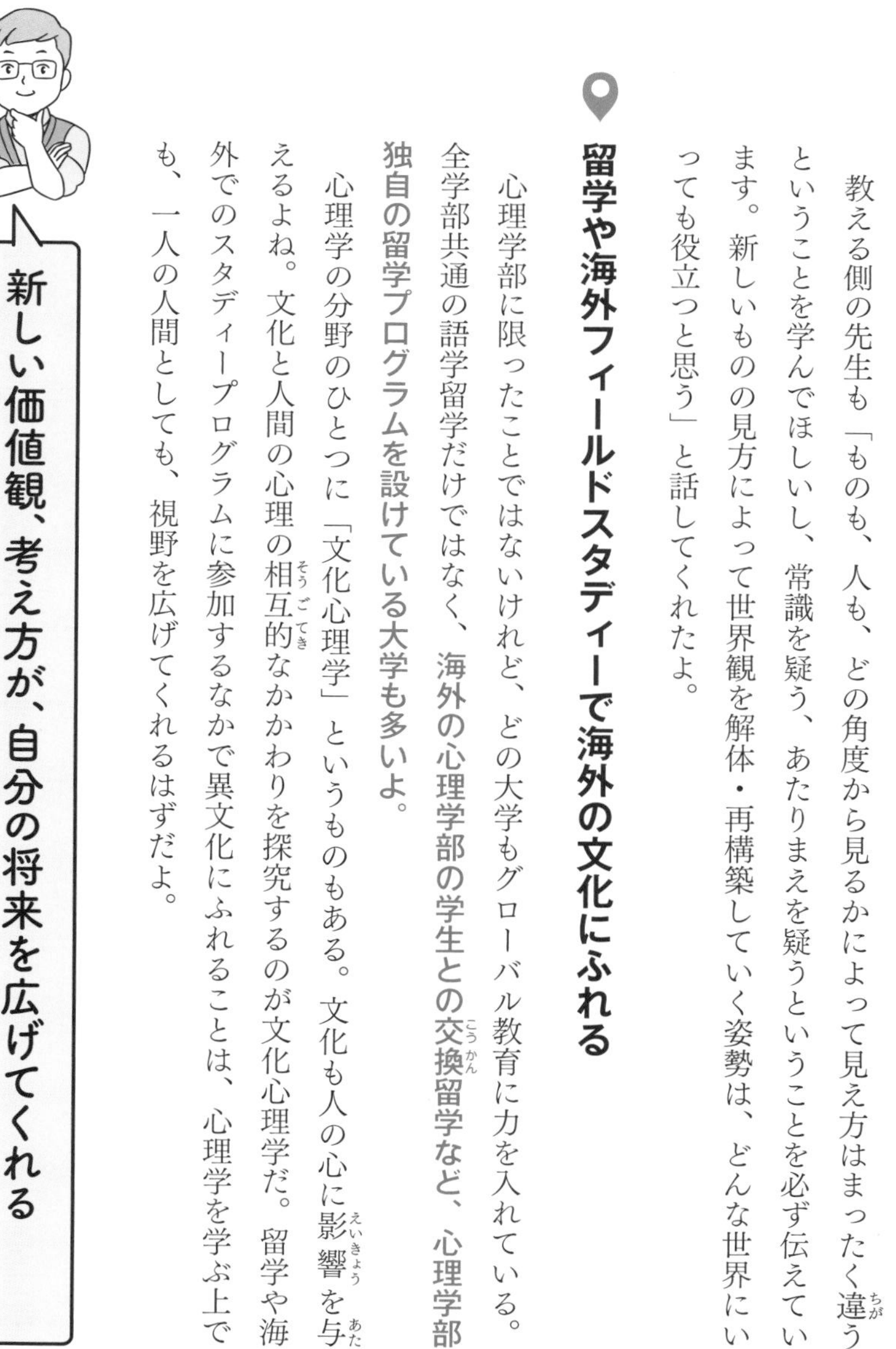

# Q15 心理学部の学生の一日を教えてください

## 自分で時間割を組む

心理学部の一日について説明する前に、まずは大学での授業のとり方について紹介しよう。大学では、何をどのように学ぶか、自分で決めるんだ。つまり、自分で時間割を組むんだよ。でも、すべて自由に選べるわけではない。絶対にとらなければいけない「必修科目」、自由に選ぶことができる「選択科目」、指定された科目のうちのどれかを履修しなければいけない「選択必修科目」があって、これらを組み合わせて時間割を組むんだ。

**特に公認心理師の資格取得をめざす場合は、4年間のうちに必ず履修しておかなければいけない必修科目が増えるから注意が必要だ。**でも、心配しないで。各授業の内容や進め方などがまとめられた「シラバス」を参考にすれば、どの科目をとればいいかはわかる。また、多くの大学では、一般企業への就職をめざすのか、心理の専門職をめざすのか、公務員をめざすのかといった卒業後の進路ごとに、どういう科目を選べばいいかを提案す

る「履修モデル」を紹介している。それに、上級生による「履修相談会」を開催している大学も多いんだ。

## 1、2年生は朝から夕方までになりやすい

1限目は9時前後から始まる。でも、時間割をつくるのは自分だから、必修科目が入っていない日は2限目や午後の3限目から始まることもある。

1コマは90分が一般的だけれど、最近では100分授業に変更する大学が増えている。「長いな」と思うかもしれないけれど、そのぶん、前半は講義で後半はグループディスカッションとか、アクティブ・ラーニングを導入する授業が増えているんだ。高校までの授業でも、先生

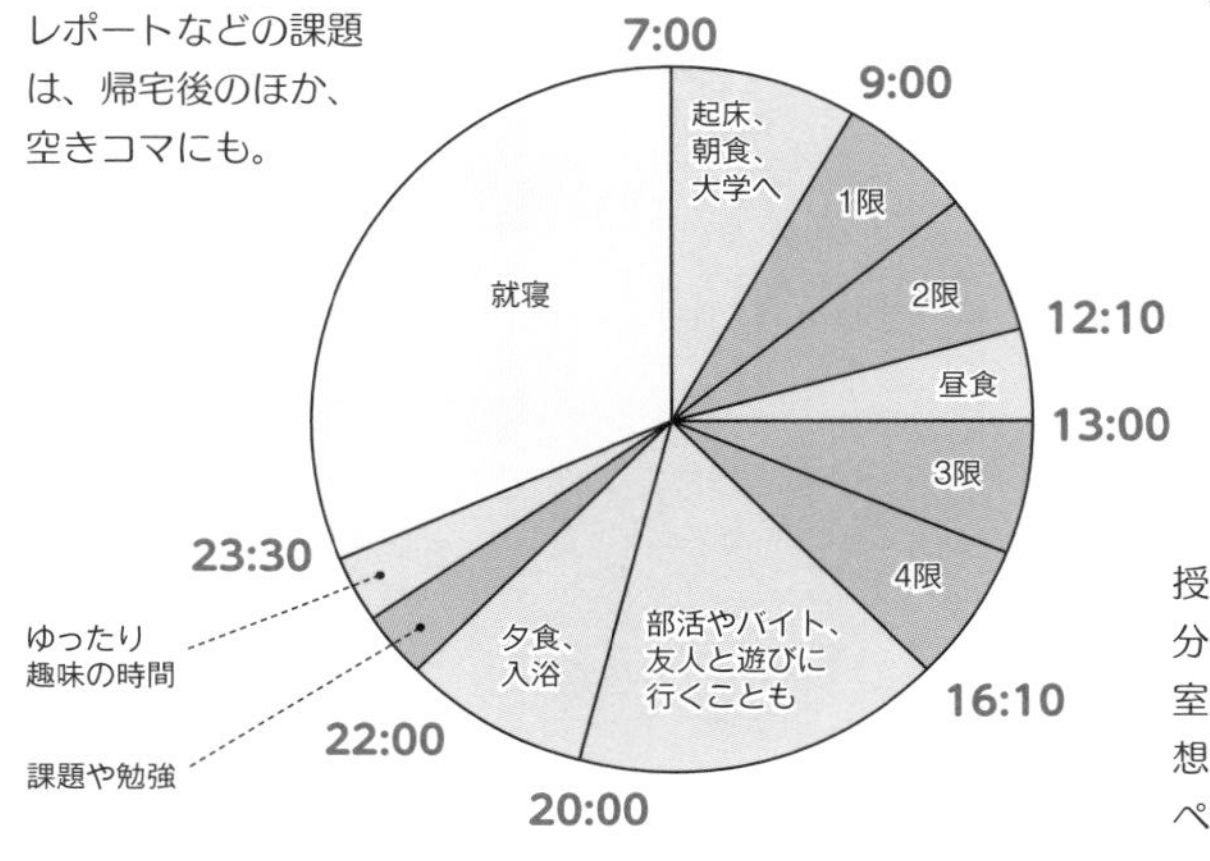


1、2年生は必修科目と教養科目でほぼ埋まる。

授業と授業の間は10分程度の休憩時間。教室の移動や、授業の感想を書くリアクションペーパーの作成を。

の話を聞いているだけだと長く感じても、実験やディスカッションだとあっという間に時間が過ぎている、なんてことないかな？　だから、90分や100分の授業も、受けているうちに慣れてくると思う。
　午前中に2限の授業があり、2限目が終わると昼休みだ。ランチは、学生食堂で食べたり、持参したお弁当や買ってきた食事を空いている教室で食べたり。
　一日の授業が終わる時間もいろいろだよ。必修科目がどこに入っているかにも左右されるね。**心理学部の場合は、1年生は必修科目と教養科目で埋まることが多い。**教養科目とは、心理学部なら心理学という専門分野にかかわる科目ではなく、広く一般教養を身につけるための科

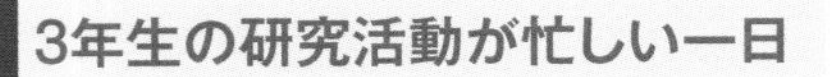

## 3年生の研究活動が忙しい一日

３年生になるとゼミに所属し、専門的な学びを深める。

7:00
起床、朝食、病院へ
9:00
ゼミの準備など
10:30
授業
12:10
昼食
13:00
ゼミ
14:30
図書館で自習。ゼミの課題や演習のレポート、就活の準備も
18:00
サークル活動、アルバイト、就職活動
20:00
帰宅、夕食、入浴
22:00
ちょっとゆったり、自由な時間
23:30
就寝

授業数は少なくなることが多いけれど、心理演習やゼミなど、専門性が高まる。

演習が増えると、時間外学習が増えるよ。

目だよ。3年目からは専門科目に集中するために、教養科目は1、2年生で取り終える人が多いんだ。そうすると、**1、2年生の時のほうが、朝から夕方までぎっしり授業が入りやすい。**4限目や5限目まで授業があることが多いかな。

ただ、1限目から4限目まで授業が詰まっている日もあれば、1、2、4、5限目に授業が入って3限目は空き時間になるといったことも。それを「空きコマ」と呼び、空きコマの使い方は人それぞれだけれど、レポートを書く時間にあてている人が多いよ。

## 3、4年生になると空き時間は増えるけれど……

3、4年生になると必修科目は少なくなり、自由な時間は増えやすい。ただ、授業の数は減っても、ゼミが始まり、一つひとつの授業の専門性も増し、演習も増えるからレポートも増える。卒業研究の準備もあるし、就職活動も始まる。**公認心理師をめざす人は心理実習もあるし、大学院入試のための勉強も必要だ。**3、4年生は卒業のため、そして将来のために考えなければいけないこと、やらなければいけないことが増えるんだ。

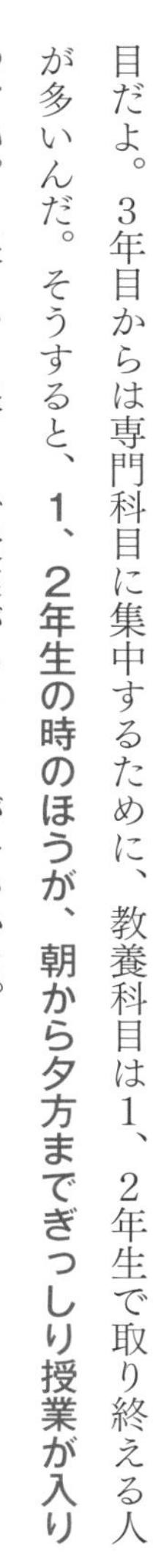

# Q16 入学から卒業までの流れを教えてください

## 新入生向けの情報はちゃんとチェックしよう

入学したら、まずあるのが入学式とオリエンテーションだ。授業の受け方、キャンパス内の施設の使い方、大学生活の過ごし方などの説明を受けるよ。

授業が始まるのは、入学式の1週間後ぐらい。その前に、受けたい授業を登録する「履修登録」がある。履修登録期間は1週間足らずと意外と短いから、忘れないようにしよう。

大学生活のスタートはわからないことばかりだよね。履修登録のように自分で主体的に動かなければいけないことも多い。ほとんどの大学が入学準備説明会やオリエンテーションなどの新入生向けの情報をウェブで伝えているので、あらかじめチェックしておこう。

## 4年間学ぶための基礎をつくる——1年生

さて、いよいよ授業がスタートし、「心理学が学べる！」と思うかもしれないけれど、

どこの大学も、**1年生では心理学部らしい授業は少ないんだ。**特に前半の春学期は、心理学関連で取れるのは、「心理学概論（がいろん）」や「心理学入門」といった、「心理学とは」を学ぶ授業くらいかな。あとは、全学部共通の教養科目や外国語科目を修得する。それから、統計学の授業も1年生から始まるよ。「受ける授業は自由に選べるんじゃないの？」と思うかもしれないけれど、学ぶには順番も大事だよね。4年間学ぶための基礎（きそ）づくりをするのが1年生なんだ。

ところで、1年生の授業から、少人数のグループで話し合う時間を設けて、学生同士が打ち解けやすいように工夫している大学が多いよ。だから、もしも入学式で友だちがいなくて寂（さび）しい思いをしてもだいじょうぶ。授業を受けるなかで自然に顔見知りになっていくから。

## 心理学の幅（はば）広（ひろ）い分野にふれられる――2年生

2年生に上がると、専門科目で取れる授業が増えるんだ。教育心理学、社会心理学、消費者心理学、学習心理学……と、**1限目から5限目まで心理学関連の授業が続くような日も出てきて、いろいろな分野の心理学にふれられるようになる。**

それから、論文を読んだり、グループで研究テーマを考えてデータを収集するといった実践的（じっせんてき）な授業も1年生の後半からだんだん始まる。また、「単純接触（せっしょく）効果（ある対象にくり返し接することで肯定的な印象が強まること）」や「系列位置効果（情報の最初と最後は覚えやすく、中間は忘れやすいこと）」など、いくつかのテーマについて実験を行い、実験手法を学ぶとともに、統計解析法やレポートのまとめ方を学ぶ授業もあるよ。

1年生で心理学を知り、2年生で基礎から応用へと学びが深まっていくんだ。

## 専門分野を深める――3年生

ほとんどの大学では、**3年生からゼミに所属する。**2年生までにいろいろな分野の心理学を学ぶなかで興味がある分野を絞っていき、その分野にくわしい先生が担当するゼミに入って学ぶんだ。自分

### 入学から卒業まで

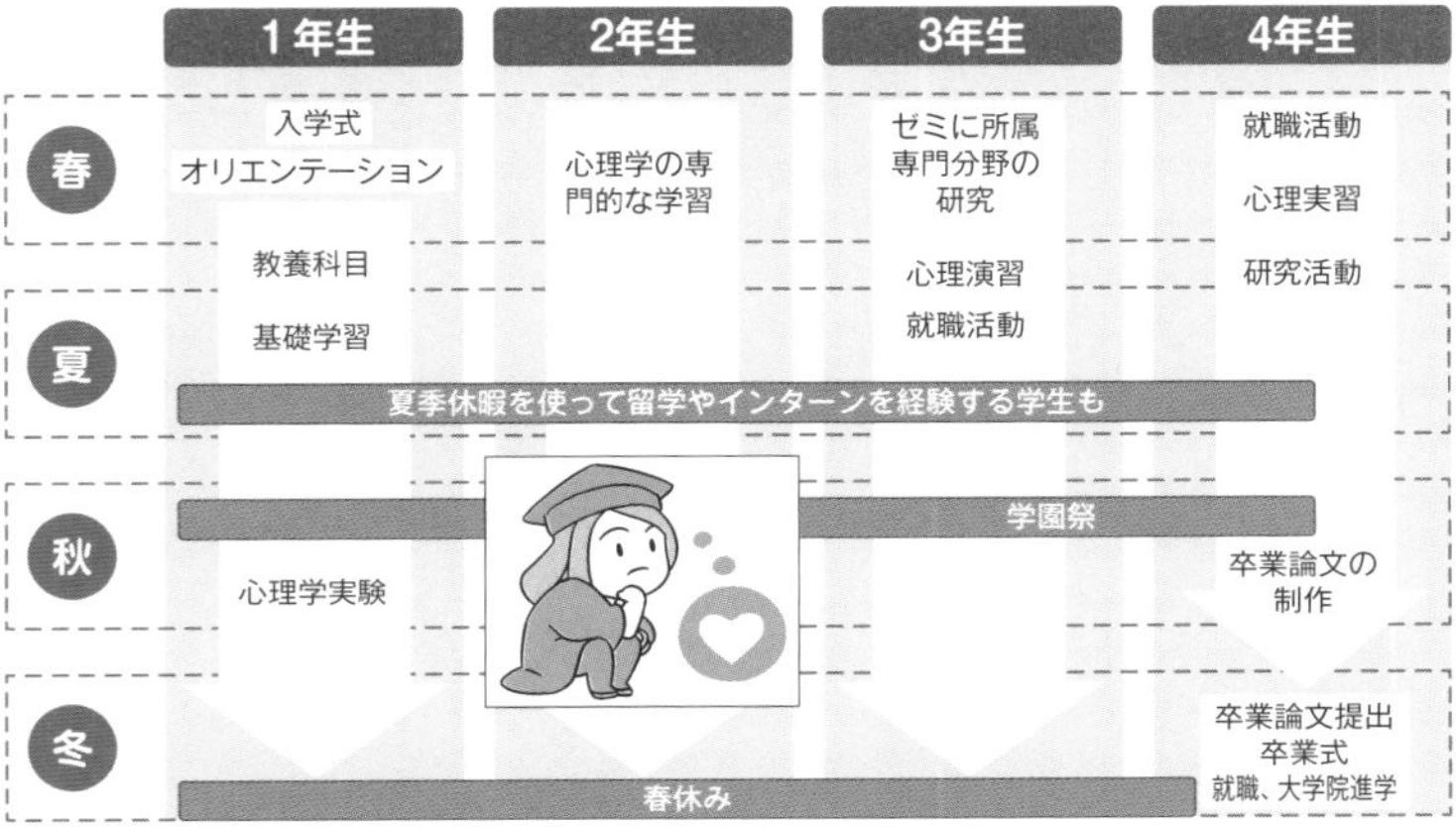

| | 1年生 | 2年生 | 3年生 | 4年生 |
|---|---|---|---|---|
| 春 | 入学式<br>オリエンテーション<br>教養科目<br>基礎学習 | 心理学の専門的な学習 | ゼミに所属<br>専門分野の研究<br>心理演習<br>就職活動 | 就職活動<br>心理実習<br>研究活動 |
| 夏 | 夏季休暇を使って留学やインターンを経験する学生も | | | |
| 秋 | 学園祭<br>心理学実験 | | | 卒業論文の制作 |
| 冬 | 春休み | | | 卒業論文提出<br>卒業式<br>就職、大学院進学 |

の関心のあるテーマの論文を読んで内容を発表したり、グループディスカッションをしたりしながら、卒業研究のテーマを考えていく。それから、カウンセリングや心理検査についてロールプレーイングも交えて学ぶのも、2年生の後半から3年生にかけてかな。

## 学びの集大成の卒論――4年生

4年生はなんといっても、4年間の学びの集大成となる卒業研究が待っている。それから、3年生からインターンシップに参加するなど、就職活動も同時並行(へいこう)で行うことになる。公認心理師の資格取得をめざす人は心理実習もあるし、大学院入試に向けた勉強も。3、4年生になると、必修科目はゼミくらいで、出なければいけない授業は少なくなる。でも、大学院入試のために一度受けた授業をもう一度受けて勉強している人、早めに就活を終えて「やっぱり公認心理師科目を全部履修(りしゅう)してから卒業したい」と4年生の春学期に残りの授業を取っている人などもいるよ。

幅広(はばひろ)い心理学にふれ、実践(じっせん)を通して学んでいく

# 好きなことと心理学をかけ合わせてみてほしい

立命館大学
総合心理学部　4年生
若本夏実さん

著者撮影

高校時代に「考えの違う人同士が共存するには」という問題意識を抱いたことから心理学部へ。最初はコミュニケーションにおける言葉選びに興味をもっていたが、学ぶうちに関心はVRや認知心理学へ。ただ、「生きづらさを解消したい」という根っこの部分は同じ、と考えている。

## 部内のトラブルがきっかけに

高校時代に部活でのトラブルがきっかけで、心理学部を意識するようになりました。部活に対するスタンスの違いでぶつかり、最後までうまくいかなかったのです。「考え方が違う人同士が共存するためには、たがいを尊重することが必要」とよく言いますが、実際は自分を押し殺して相手に合わせすぎるか、自分を押し通しすぎるか、になりがちです。高校時代の経験から「自分の意見を無理に曲げることなく、相手に不快にさせないためにできることは、相手に響きやすい言葉で伝えることなのではないか。人間の心について学べばそれができる人になれるのではないか」と考え、言葉選びやコミュニケーションについて学びたいと思い、心理学を選びました。

## ハッとする考えに出合える

心理学部では、今までふれることのなかった思想や考え方に出合えます。たとえば、「文化心理学」という授業では化粧や恋愛、学校などをテーマにあげながら、国や地域によって文化が異なるといった「個人が文化に属する」考え方だけではなく、個人のなかでもさまざまな文化をもっているといった「文化が個人に属する」という考え方を学びました。いちばん印象的だったのが「多様性ではなく複線性」という考え方です。多様性というと、一人ひとり人間は違うというバラバラな点のようなイメージがあると思いますが、そうではなく、「幸せになりたい」という最終目標はみんないっしょで、それをどのようにめざしていくかが違うだけなんだというのが複線性です。「価値観が違う」と考え、正そうとするからぶつかるのであって、「幸せになりたい」という価値観・最終目標はいっしょだと思えば、おたがいを尊重し合えるのではないかと感じ、すごく印象に残りました。

また「社会のなかの心理学」という授業は、心理学史上で有名な心理学者を毎回2人ずつ取り上げて学びつつ、心理学を活かして仕事をしている人をゲストスピーカーに招いて話を聞くというもの。研究者や企業の人、大学院生などいろいろな人が登壇されて、幅広い考え方にふれることができるので、とてもおもしろかったです。

## VR技術に役立つ心理学

私が最初に興味をもった言葉選びやコミュニケーションは、心理学のなかでも社会心理学に近いと思うのですが、学んでいくなかで認知心理学にひかれて、今は認知心理学のゼミに入っています。認知心理学は知覚や脳など人間の生物的な部分を扱う心理学で、「人間のシステム上、なぜそうなるのか」を実験という手法で追求します。私は納得感を大切にしたいので、「こういう時に人はこうなりがちだ。なぜなら、人間にはこういうシステムがあるから」と説明できる認知心理学はスッキリすることが多く、おもしろいです。

また、『ソードアート・オンライン（以下、SAO）』というアニメを見てVRに興味をもったことも影響しています。このアニメを見たのはステイホーム期間中で、行きたいところに行けず、会いたい人に会えず、虚しい思いをしていました。その際、「もし、この時代にSAOの世界に出てくるようなリアルな感覚を再現できるVRがあれば、こんな思いをせずに済んだのではないか」と思ったのがきっかけです。後々、それはコロナ禍に限ったことではないと思うようになりました。

私たちは生まれ育つ環境を選べません。そして、つらい環境下で自殺を選んでしまう人もいます。ですがVRが発展し、普通に生きていたら出会えなかった人や物に出会える世界になれば、誰もが自分を受け入れてくれる環境に身を置くことができるかもしれない。そう考え、VRの発展にたずさわりたいと思うようになりました。そのために認知心理学の知見を活かすことができるのではないかと思い、学びがいを感じています。

### 「好きなこと×心理学」を

心理学からまず思い浮かべる仕事はカウン

学生インタビュー

ゼミの仲間たちと　　取材先提供

セラーだと思いますが、心理学は人が生きていく上ですべての基礎になる学問だと思うので、どう活かすはその人次第です。私はVRにたずさわりたいという思いから、IT系や電機メーカーを中心に就職活動を行って、最終的にVRも手がけている大手IT企業に決めました。ITと心理学は遠いイメージがあるかもしれませんが、たとえば製品やサービスの使いやすさにかかわる「UX/UI」というフェーズには認知心理学が密接にかかわっています。

　このように自分の好きなことや達成したいことの裏にはどこかに心理学が潜んでいると思います。何をやりたいのかまだわからない人でも楽しめる学問だと思いますので、進路を考える際には、ぜひ一度は心理学を検討してみてほしいです。

# 対人コミュニケーションを知識と実践で学べる

立正大学
心理学部対人・社会心理学科 3年生
曽田真央さん

「人見知りで緊張しやすい」という自身の性格から心理学に興味をもつ。大学では興味のあるテーマを研究しつつ、軽音サークルでパンクバンドを組んでライブをしたり、大学祭の実行委員を務めたり、みんなで何かをつくりあげることにもたくさん挑戦している。

## 人間関係や会話の術を見つけたくて

もともと人見知りするタイプで、初対面の人や先生と話す時に緊張したり、怖いなと感じたりしやすいので、「どうしてだろう」とよく考えていたのですね。心理学部で学んだら原因がわかるかもしれない、対人関係や会話のヒントが見つかるかもしれないと思い、心理学部を選びました。

ただ、私はカウンセラーなどになりたいわけではなく、社会のなかで用いられている心理学に興味がありました。だから、社会学部のなかにある心理学科も検討したのですが、残念ながらそちらは不合格で……。でも、立正大学の心理学部の場合は、臨床心理学科と対人・社会心理学科に分かれていて、私の興味はまさに対人・社会心理学科の内容かなと思い、こちらに入学しました。

## 対人スキルをみがくグループワーク

個人的に特におもしろかったのは「コミュニケーション心理学」と「対人スキルトレーニング」の授業です。どちらも自分の興味に近い内容だったので印象に残っています。

人と話す時には、言葉だけではなく、表情やジェスチャーなど言葉以外のものも使ってコミュニケーションを取りますよね。そういう言葉以外の要素を「パラ言語」と呼びます。怒っている表情や笑っている表情を人はどうやって認識しているのか、うそをつく時にどういうしぐさをしやすいのかなど、言葉以外の要素を中心に学んだのがコミュニケーション心理学でした。

一方で、対人スキルトレーニングは、ペアワークやグループワークがメインの授業です。たとえば、イラストの内容を言葉だけで伝えて相手に描いてもらうとか、与えられたテーマをジェスチャーだけで表現して伝えるとか。ゲーム感覚で楽しみつつも、正しく伝えることの難しさを感じました。

ほかにも、プレゼンスキルトレーニングやリーダーシップトレーニングなどグループワークが中心の実践型の授業が多くて、対人・社会心理学科ならではの特徴かなと思います。

## バイト中のできごとが研究テーマに

3年生からはゼミが始まり、私は、人が生きやすい世の中づくりをモットーにされている先生のゼミに入っています。特定のジャンルにとらわれることなく「自分が興味のあるものを研究したらいいよ」と言ってくださるので、私は依頼表現をテーマに研究をしたいなと思っています。

アルバイト中に、仲のいい同期から「これ、やっておいて」と言われた時に「自分でできるのに、なんで?」と思っちゃったことがあったんです。仲がよくてもそう思ってしまうのは頼み方の問題なのかなとふと思い、どういう頼み方をしたら相手を不快にさせず、受け入れてもらえるのかなと気になり、研究テーマにしたいなと考えました。

また、3年生には少人数のグループで調査研究を行う「社会心理調査実習」という名物授業もあります。これは、自分たちで研究テーマを決めて、調査、分析、結果のプレゼン、報告書の執筆までを一年かけて行うもの。私のグループでは、私が提案した「匿名性」をテーマにすることになりました。今、顔を出さずに活動する匿名アーティストが人気ですよね。顔を知られるデメリットはあると思うので、匿名は本当に得なのか、学生へのアンケートをもとに分析していく予定です。今はどんな質問を行えばちゃんと知りたい結果を得られるのか、過去の論文を参考に話し合っているところです。

## 対人関係や会話のヒントも

1、2年生ではほぼ上限いっぱいまで単位を取っていたので、5、6限目まで授業で、空きコマにレポートを書く毎日でした。でも、勉強だけではなく、1年生から軽音系のサークルに入ってバンドを組んだり、大学祭に実行委員として参加したりもしています。実行委員では私はイベント担当で、今年はバスボムづくりなどの子ども向けのワークショップ

空きコマの時はレポートに取り組みます

をしようと、企画しています。

卒業後のことはまだ模索中です。この学科で学べる対人スキルやリサーチ力は人事やマーケティングなどに活かしやすいのかなと思いつつ、まだ分野を絞れていないので、これから会社説明会やインターンシップに参加して考えていこうと思っています。

対人スキルといえば、最初に心理学に興味をもつきっかけになった対人関係や会話の上達にもヒントを得られました。たとえば、話好きな人は制限されるのが好きじゃないから細かいことは言わないほうがよく、逆に分析系の人は臨機応変な対応が苦手だから細かく指示を出したほうがいい、とか。相手によっても好ましい対応が変わるといったことも学べたので、そうしたコツは覚えておくと、社会に出てからも役立つかなと思っています。

# 対人関係のない人生はない
# 心理学部でよかった！

明治学院大学
心理学部心理学科　3年生
笠原丈琉さん

「スクールカウンセラー（SC）になりたい」と心理学部に。SCとしても働いている教授のゼミに所属して学びつつ、不登校の子どもを支援するボランティアや合唱サークルの活動にも力を入れている。今はSC以外にも興味が広がり、人に寄り添う仕事を模索中。

## 友人のひと言がきっかけ

心理学部に興味をもったのは、高校2年生の時に友人から「心理学部がいいんじゃない？」と言われたことがきっかけです。人の話を聞くことは当時から好きで、友だちの相談に乗る機会も多かったので、友人はそう言ってくれたのかなと思います。それから心理学部について本を読んだりして調べてみると、確かに自分が学びたいことと一致していました。明治学院大学を選んだのは「Do for Others」という教育理念にひかれ、自分がやりたいことと近しいなと感じたからです。

入学して1年目は教養や語学がメインで、心理学科らしい授業は心理学概論や、論文の読み方や統計学の基本を学ぶ授業くらいでした。心理学のいろいろな分野にふれられるようになったのは主に2年生からです。2年生の時には教育心理学、社会心理学、消費者心理学……と、1限から5限まで心理学関連の授業がビッシリという日もありました。

## 送ってきた高校生活は一人ひとり違う

心理学を幅広く学んで、どれもおもしろいなと感じたのですが、なかでももっとも関心があるのが教育心理学や学校心理学です。

この分野をより深く学ぶために、学校心理学が専門の先生のゼミに入りました。今は気になる論文を見つけて発表し、その内容についてディスカッションを行っていて、僕はスクールカーストに関する論文について発表しました。ディスカッションのなかで、それぞれが送ってきた高校生活や学校の話も聞くことができるので、「そんな学校もあるんだ」と視野が広がり、いい経験になっています。

授業でも「教育・学校心理学」を取っていて、今は、教育現場でのカウンセリングのロールプレーを行っています。3人1組になって、クライアント役、カウンセラー役、観察者役を交互に担当するという演習です。カウンセラー役は相手の言葉を聞いて、そのまま引用しながらつぎの質問につなげていくのですが、それが難しくて。僕はついレジュメを見てしまうのですが、いっしょにやったメンバーにはしっかり相手の目を見て話をしている人もいて、すごいなと尊敬しました。

## 不登校の子どもを支援するボランティアも

1年生の夏頃から不登校支援のボランティアも始めました。不登校の子どもの家を訪問して、いっしょに遊んだりしながら対人関係の不安をなくしていこうというもので、神奈川県横浜市が行っている取り組みです。最初にお伺いしたのは中学生の自閉症の子でした。

訪問初日は、うまくリードできるかなと、ものすごく緊張しました。ただ、大学の授業で、こだわりが強い、集団が苦手といった自閉症の特徴も学んでいたので、そういうことを知った上で訪問できたことはよかったなと思います。そしていざ訪問してみると、集団は苦手だけれど、一対一で話すことは全然問題なく、その子が好きだったボードゲームで遊んだりして過ごしました。その子は最終的に、別室登校で週に1回学校に行けるようになり、訪問は無事に終了しました。

その子とのかかわりで、僕も、自閉症の子といっても濃淡があって十人十色なんだと学びました。「この子は自閉症だからこう接しないといけない」と決めつけてもダメ。その子自身の特性をちゃんと見ることが大事なんだと気付きました。

## 寄り添い方にはいろいろある

不登校支援のボランティアはずっと続けていて、2年生の時には宿泊体験学習の引率も行いました。不登校の小中学生が60人くらい参加し、1部屋5、6人に分かれて、そこに僕たち大学生が1人か2人つき、グループ行動をしながら1泊するというイベントです。僕の班ではどうしてもみんなの輪に溶け込めない子が1人いて、初日は、僕がその子にほぼつきっきりになっていたのですが、2日目はみんなといっしょに遊ぶことができました。1泊という短い期間でしたが、そんな変化も見られて、とても貴重な体験でした。

学生インタビュー

カウンセリング演習のようす

心理学部に入学した時には、スクールカウンセラーになりたいと思っていました。自分も中高生の時にいろいろな悩みがあったので、一人ひとりに寄り添える大人になりたいと思ったからです。でも、大学のキャリアセンター主催の講座などに参加するうちに、自分のやりたいことは必ずしもスクールカウンセラーにならなくても叶えられるのかなと気付きました。たとえば発達障害をもつ人に寄り添う会社もありますし、心理系の公務員をめざす道もある。選択肢はいろいろあります。

心理学部に興味がありつつも、就職先を不安に思う人もいるかもしれません。でも、人生で対人関係は切っても切れないものなので、たとえカウンセラーなどの心理職にならなくても心理学は活かせると思います。だから僕は心理学部でよかったなと思っています。

# 心理学科もダンスも ハードだけれど楽しい

学生インタビュー 4

上智大学
総合人間科学部心理学科　4年生
福島綸華さん

朝から夕方まで授業に出て、その後、アルバイトやサークル仲間とダンスの練習。帰宅後に課題を仕上げ、ときにはダンスの深夜練習もと、大学生活を全力で満喫。心理学科は「ちょっとハードだけれど、少人数制で手厚く見てもらえるので自分に合っていた」。

## 偏差値よりも自分の興味を

実は私は大学を入り直したんです。高校3年生の最初の受験では、偏差値で選んだ別の大学に入り、春学期だけ通ったのですが、両親にお願いしてもう一度受験させてもらいました。というのは、心理学者が活躍する海外ドラマなどの影響で、小学生の頃から心理学に興味があって、やっぱり本当に興味のあるものを学びたいと強く思ったからです。

ただ、心理学にはいろいろな分野があってどの分野を特に学びたいのかはわからなかったので、いろいろな分野の教授がそろっている大学に行こうと、上智大学を選びました。

入ってみるとやっぱり授業がおもしろくて、特に印象に残っているひとつが2年生の「心理学研究法」です。心理学の基礎的なテーマについて自分たちが被験者になってデータを取り、その結果を論文にまとめる練習をするというもの。たとえば「同調圧力」というテーマでは、大学内を歩きながら突然パッと見上げるんです。そして、近くにいる人のうち何人がつられて上を向くかを測定して、場所ごとの違いを比べました。

そのデータを分析して結果をレポートにまとめるのですが、「今日は分析を書きましょう」「今日は結果と考察を」と毎回課題が出ます。ハードでしたが、毎回大学院生の方が添削してくれて、「あ、ここが足りないんだ」とわかってすごくためになりました。

## 実習で驚いた先生の対応

上智の心理学科は他大学よりも進め方が早いようで、公認心理師のための実習は3年生でありました。私も資格を取りたいと思っているので、病院見学などの団体で行く実習と、希望者のみの個人実習の両方に参加しました。個人実習を行ったのは、認知症や精神疾患の方が通うクリニックです。週1回ペースで4カ月間行き、先生が患者さんとお話しされているのを後ろで聞かせてもらったり、心理師の方が認知症の検査や心理検査を行うのを見学させてもらいました。

授業では「相手に寄り添いましょう」と習うのですが、ある時、先生がアルコール依存症の患者さんの前でバンと机を叩いて怒ったのですね。驚いていたら、あとで「同じ目線で考えることが大事なんだよ」と教わりました。患者さんに寄り添い優しく共感するだけではなく、患者さんの話を聞いて怒っている自分のことも客観的に見た上で真摯に対応されていた。すごいなと印象に残っています。

心理学科はレポートが多くて、比較的ハードです。でも、先生はみんな学生思いでしっかり見てくれますし、同期の仲間も向上心が高い人が多いので、〝同調圧力〟が働いて励まし合いながらがんばっています。

## ダンスサークルも全力で

サークルはダンスをやっていました。これも結構ハードで。練習は基本は週3回なのですが、イベント前は週5、6回練習に参加することもあれば、深夜練といって金曜日の夜中から朝方にかけて練習したことも。80人近くの大所帯だったので、スケジュールを合わせるとどうしても深夜になるのです。でも本当に楽しくて、レポートにサークル、さらにはアルバイトと毎日へとへとでしたが、大学生らしい生活を満喫できたなと思います。

いちばん思い出深いのは、3年生の時の学祭で構内のメインストリートで踊れたこと。私はコロナ禍の入学で、1、2年生の時はオンライン開催でした。大学で踊れて、先生や友人たちにも見てもらえてうれしかったです。

## 公認心理師も就職も

今は、卒論の準備をしつつ、大学院進学に向けて院試の勉強もしています。おさらいのために先生にお願いして1年生からの授業をもう一度聞かせてもらっているんです。さらに4年生の授業では毎週2、3冊指定された本を読んでレポートを書くなど、相変わらず課題は多いですが、サークルをガッツリやっていた頃よりは自由な時間ができました。

卒論はAI（人工知能）と人間の関係を調

学生インタビュー

ダンスサークルでの福島さん　取材先提供

べる予定です。知的課題を解いてもらって、「AIが分析しました」といって結果をフィードバックした後、AIに関する記事を読んでもらう。その時に、よい結果が返ってきた人とよくない結果が返ってきた人では、記事に対する印象が変わるか、つまり、AIに自分の能力を脅かされればAIを否定的にとらえるのではないか、という研究です。

卒業後は大学院に行って公認心理師の資格を取る予定ですが、卒論の準備を進めながら「分析も楽しいな」と思うようになり、研究職やマーケティング、分析系の職種にも興味がわきました。だから卒論を終えたらデータサイエンスの勉強も本格的にしようかなと計画中です。ひとつには絞り切れないので、まずは企業に就職して、その後、心理職に転職するプランもいいなと思っています。

# 4章

## 資格取得や卒業後の就職先はどのようになっていますか？

# Q17 卒業後に就く主な仕事はなんですか？

## 一般企業で〝人とかかわる〟仕事に就く

「主な仕事は」と聞かれたら、意外かもしれないけれど、いちばん多いのは一般企業への就職だよ。大学にもよるけれど、**公認心理師の資格取得をめざして大学院に行く人は1～3割程度で、残りの人は就職しているんだ。**

ではどんな仕事に就く人が多いのかというと、サービス業、情報通信業、医療・福祉、金融・保険など業界はいろいろ。ただ、心理学部に入学する人は「困っている人がいたら助けたい」という人が多い。だから、『人とかかわる』ことを軸に自分の人生を考えていく人が多い」と、ある先生は教えてくれた。

たとえば、対人コミュニケーション能力や相手のニーズをくみとる力を活かして、人材業界や企業の人事部で働く人もいる。また、心理学の専門知識を活かして、医療機関の事務職や、発達障害児などを支援するデイサービス、介護職などの仕事に就き、病気や

障害のある人や子ども、高齢者をサポートしている人もいる。

ほかには、入学当初はカウンセラーをめざしていたものの、「保険を必要とする人はピンチですよね。ピンチの人を助けられればいいなと思って」と保険会社に就職した人、ホテルのコンシェルジュとしてお客さまのサポートをしている人なども。

業種や職種はいろいろだけれど、さまざまな人とかかわり、サポートする仕事に就き、やりがいをもって働いている人は多いんだ。

## 一般企業でマーケティング、データ分析にかかわる

心理学では科学的なアプローチを大事にする、とくり返し伝えてきたよね。科学的なアプローチとはどういうことかといえば、問いに対する仮説を立てて、その仮説が正しいかどうかを実験や調査で検証し、さらにその検証結果に再現性があるかどうかを確認して、答えや結論を導き出すというプロセスだ。こうしたプロセスは、ビジネスや仕事においても大切なんだよ。

商品やサービスを販売するにしても、どんな人を対象にするのか、どんな価値を提供するのか、競合他社のものとはどう差別化するのか、どんな方法でその商品やサービスを知ってもらうのかといった戦略を考えなければいけない。そのためには**科学的な思考が大切**

**で、心理学部で培ったリサーチスキルや多角的に見る力、問いを立てる力、データに基づいて課題を解決する力が役立つんだ。**そうした強みを活かして、市場調査や商品開発、広告・宣伝といったマーケティングや、データアナリストの仕事に就いている人もいるよ。

## 病院やクリニック、学校、企業でカウンセラーとして働く

卒業後に大学院に進学して、公認心理師や臨床心理士の資格を取って、心の専門家として働く人もいる。というよりも、**心理学部を卒業した後に就く仕事といえば、まず想像するのが心の専門家、カウンセラーじゃないかな。**

公認心理師と臨床心理士の資格についてはつぎのQ18で説明するね。カウンセラーとひと言でいっても、働く場所によって、出会う人も仕事の内容もぜんぜん違うんだ。

病院やクリニックの場合は、精神科の病院・クリニックか、いろいろな診療科がある総合病院かでちょっと違う。**精神科の病院・クリニックの場合は、心の病気や問題を抱えている人を対象に、心理検査やカウンセリング、デイケア、集団精神療法などを担当する。**総合病院の場合は、それらに加えて、体の病気で入院している人や患者さんの家族のメンタルケアにも対応するよ。

学校で働くカウンセラーは、スクールカウンセラーと呼ばれている。高校までの間にお

世話になったことがある人もいるかもしれないね。生徒や保護者、教員のカウンセリングのほか、コンサルテーションといって教員から相談を受けた時に心理の専門家としてアドバイスをすることが主な仕事だよ。

それから、企業で働いている人たちを支える企業内カウンセラーとして働いている人もいる。一人ひとりの社員がいきいきと働けるように、カウンセリングや、メンタルヘルスに関する研修や情報発信、休職者への復職支援などを担当するんだ。

クリニックや学校でカウンセラーとして働く人の場合、非常勤職員として働いている人が多くて、複数の職場をかけもちしていることもあるよ。

## 心理学の研究者になる

卒業後に大学院に進学する人のなかには、研究職をめざす人もいる。大学で4年間学ぶなかで、すっかり心理学のおもしろさに魅了されて「もっと研究をしたい」と思うようになり、大学院でさらに専門性をみがき、大学や企業で研究職として働いている人もいるよ。

**心理学の知見が活かせるのはカウンセラーだけではないんだ**

# Q18 心理学部で取りやすい資格を教えてください

## 心理職の国家資格「公認心理師」

公認心理師は心理職として唯一の国家資格だ。２０１７年にできたまだ新しい資格で、公認心理師法という法律でその内容が定められているよ。そこには、「国民の心の健康の保持増進に寄与すること」を目的に、心理学に関する専門知識や技術をもってつぎのような行為を行うこと、と明記されている。

①心理に関する支援を要する者の心理状態の観察、その結果の分析
②心理に関する支援を要する者に対する、心理に関する相談及び助言、指導その他の援助
③心理に関する支援を要する者の関係者に対する相談及び助言、指導その他の援助
④心の健康に関する知識の普及を図るための教育及び情報の提供

公認心理師になるには、大学で指定の25科目を修めたあと、大学院で指定の10科目を修めて修了するか、大学を卒業後に指定施設で2年間以上の実務経験を積まなければいけ

ない。そうしてようやく公認心理師試験の受験資格を得られるんだ。だから、**大学で４年間、大学院で２年間の合計６年間の勉強が必要ということだね。**

そして年に１回行われる公認心理師試験に合格すると、晴れて公認心理師になれる。試験内容は、公認心理師として必要な知識と技能を問うもので、マークシート形式で行われるよ。試験時間は午前と午後に２時間ずつで、全１５４問を解かなければいけない。だから、集中力も必要だね。総得点の60％程度以上が合格基準とされているよ。合格率は年によって違うけれど、２０２４年３月に行われた第７回公認心理師試験は２０８９人が受験して合格者数は１５９２人。合格率は76・２％だったよ。

## 心の問題に取り組む専門家「臨床心理士」

公認心理師ともう一つ、有名な心理系の資格が

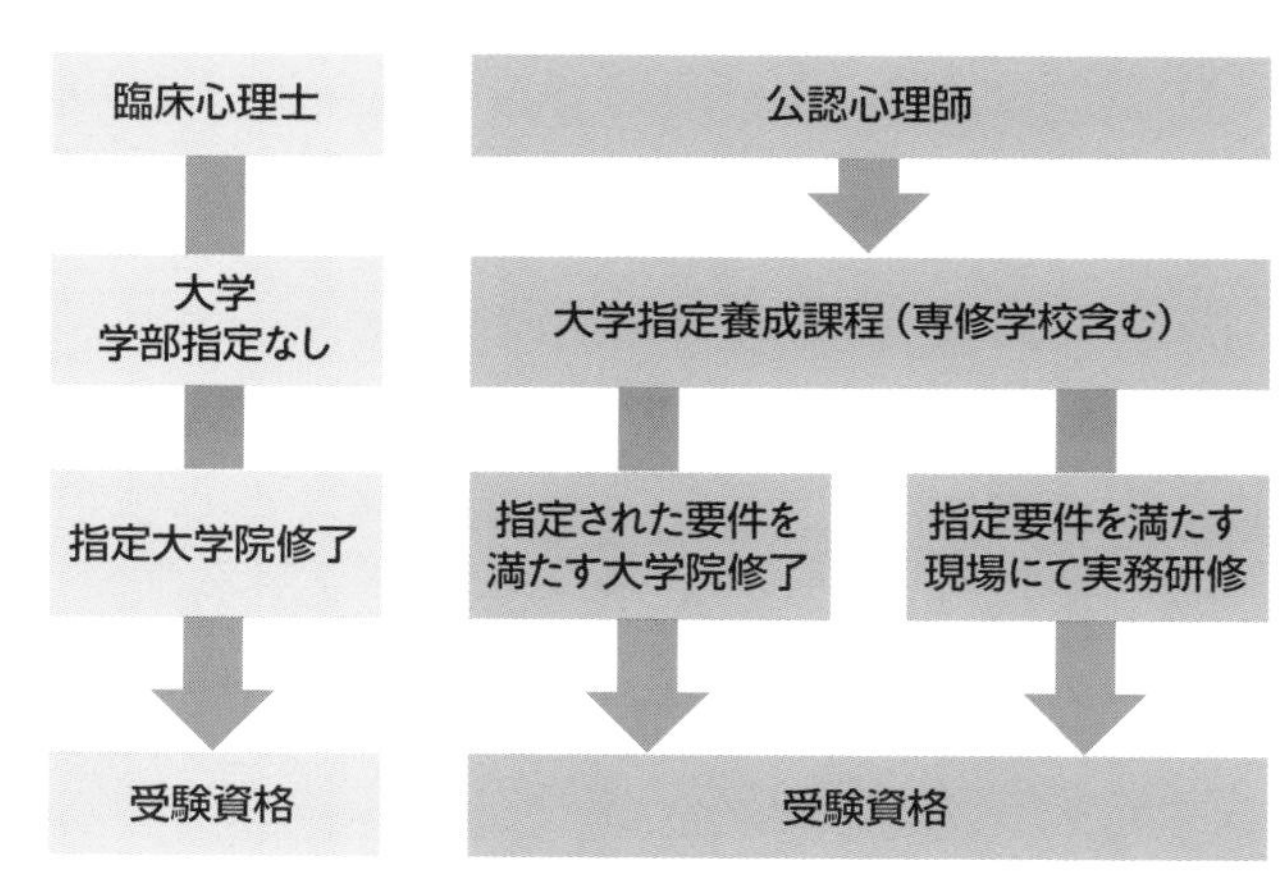

「臨床心理士」だよ。臨床心理士は国家資格ではなく、公益財団法人日本臨床心理士資格認定協会が認定する民間資格だけれど、1988年の誕生以来、心の問題に取り組む専門家として臨床心理士が活躍してきたんだ。

臨床心理士になるには、同協会が指定する大学院を修了した上で、認定試験に合格しなければいけない。でも、大学の学部指定はなく、心理学部以外でもいいんだ。

公認心理師ができるまでは臨床心理士が医療現場も含めていろいろな領域で活躍していた。でも、医療の現場は医師や看護師、薬剤師など国家資格をもつ専門家が集まっているよね。そうした専門家たちと連携を取りながら働くにはやっぱり国家資格をもつ公認心理師のほうが適しているだろうということで、今は医療現場で働く心理職は公認心理師が中心になっているんだ。

## 大学教育で心理学を学んだ証「認定心理士」

大学で心理学に関する標準的な基礎知識・技術を修得したことを保証する資格だよ。公益社団法人日本心理学会の認定資格で、心理学部を卒業した人なら申請をすれば取得できるけれど、この資格だけでは心理系の専門職に就くことは難しいかな。

## 企業で働く人をサポートする「産業カウンセラー」

働く人を支援するカウンセラーで、一般社団法人日本産業カウンセラー協会が認定する民間資格だ。大学で指定された17科目（いずれも公認心理師試験に必要な科目と重なっている）を修得して、学科と実技で構成される試験に合格すると資格を取得できるよ。

## そのほか「任用資格」も

任用資格とは、ある職に就くために国が定めた基準のことで、心理学部ではつぎのような任用資格も得られるよ。

・社会福祉主事――都道府県や市町村の福祉事務所で援助活動を行う職員。
・児童福祉司――児童相談所で児童の保護や相談、支援を行う職員。卒業後1年以上の実務経験が必要。
・児童指導員――児童養護施設や児童福祉施設で児童の生活指導を行う職員。

国家資格「公認心理師」は大学院での勉強も必要

# Q19 意外な仕事でも活躍している先輩はいますか？

## 児童相談所、児童養護施設で働く

心理学は人が営むことのすべてにかかわる学問だから、心理学部で学んだ先輩たちはいろいろな領域の仕事で活躍している。ここでは心理系の専門職のなかであまり知られていない仕事を紹介するね。

「児童相談所」は、児童福祉法に基づいて設置されている自治体の機関だ。子どもや家庭の問題について広く相談を受けたり、虐待などの問題があった時に一時保護を行ったりする。そして、一時保護した子どもを家に帰してもいいのか、あるいは家庭から離して「児童養護施設」などの施設に入所させるか、里親に委託したほうがいいのかという判断も行うんだ。**心理学部を卒業後、児童相談所の相談員や、児童養護施設の児童指導員、心理療法担当職員として働いている人もいるよ。**

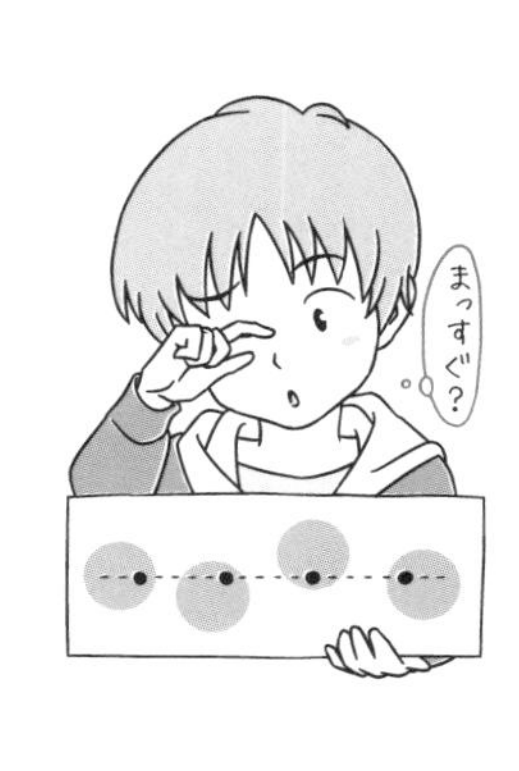

## 警察で働く

「警察にも心理職がいるの?」と驚く人も多いかな。でも、非行少年の相談やカウンセリング、被害に遭った人への支援、警察官の採用における適性検査など、心理職の存在は欠かせないんだ。それに、警察官は仕事柄、心理的負担の大きいできごとに頻繁に遭遇する。だから、警察官のメンタルヘルスをサポートする役割もある。

また、刑事ドラマなどで「科捜研」という言葉を聞いたことはあるかな? 科学捜査研究所の略だよ。警察の附属機関で、捜査部門から依頼を受けて各種鑑定を行うんだ。そのなかには心理の専門家が集まる「心理科」もある。捜査対象者がある事件についてくわしく知っているかどうかを身体の反応から調べる「ポリグラフ検査」や、事件に関する詳細なデータから犯人の特徴を推定したり、犯行を予測したりする「プロファイリング」などを担当するんだ。

## 家庭裁判所調査官として働く

家庭裁判所で扱っている、離婚や子どもの親権、親族間の争いといった家庭内の紛争や少年事件について調査を行うのが家庭裁判所調査官だ。家庭裁判所は審判を下すだけではなく、事件や紛争が起きた事情を考慮して、関係する人たちにとってよりよい解決策を示す役割がある。そのため、家庭裁判所調査官が、関係者にくわしい事情を聞き、少年事件であればその子の家庭環境や成育歴などを調べたり、心理検査を行ったりもして適切な解決策を検討し、裁判官に報告するんだ。

家庭裁判所調査官になるのは心理学部出身者だけではないけれど、当事者に寄り添いながら話を聞いたり、非行にかかわった子どもの立ち直りを支援したりする過程では、心理学部で学ぶカウンセリングや心理検査の知識・技術が役立つんだよ。

## 法務教官や法務技官として働く

**少年院や少年鑑別所、刑務所などで働く心理職もいるんだ。**「法務教官」は、主に少年院や少年鑑別所に勤務し、非行にかかわった子どもたちが立ち直れるように教育や指導、支援を行う仕事だよ。

一方、「法務技官」は、法務省で働く専門職のことで、なかでも心理を専門とする法務技官は「矯正心理専門職」とも呼ばれる。犯罪や非行にかかわってしまった人と向き合い、心理検査やカウンセリングを重ねながら、どうしてそういうことをしてしまったのか、今後どうすればいいのかをいっしょに考えていく仕事なんだ。少年院や少年鑑別所、刑務所、少年刑務所などで働いている。

法務教官も法務技官も非行や犯罪にかかわった人の立ち直りを支援するというゴールは同じだ。そのなかで、法務教官は〝先生〟、法務技官は〝カウンセラー〟というイメージかな。どちらも、心理学部出身の人が活躍していて、特に法務技官（矯正心理専門職）は公認心理師や臨床心理士の資格をもった人が多いんだよ。

## カウンセリングオフィスで働く

Q17で病院やクリニック、学校、企業で働くカウンセラーを紹介したよね。そのほかに、**心理療法やカウンセリングを専門とするカウンセリングオフィスを自分で開業する人もいるよ**。でも、いろいろな場所でカウンセラーとしての経験をたくさん積んでから立ち上げることが多いかな。「研究も臨床もやりたいと思ったから」と、大学で心理学の研究をしながら、先輩が開業していたカウンセリングオフィスでカウンセラーとしても働いているという人もいたよ。

# カウンセリングは患者さんとの共同作業

社会福祉法人恩賜財団済生会支部　神奈川県済生会
横浜市東部病院　こころのケアセンター心理室
上智大学総合人間科学部心理学科卒業

辰巳麻子さん

取材先提供
（以下同）

もともと福祉に興味があり、大学院時代には児童心理治療施設でアルバイトを。総合病院で働くことを選んだのは、まずはカウンセリングも心理検査もしっかりできるようになりたいと思ったから。専門性が違う多職種で協力しながら働くスキルもみがかれている。

## 授業がおもしろかった大学に感謝

私が通っていた高校のとなりには児童養護施設があり、そこでボランティアをしていたことがきっかけで福祉に興味をもつようになりました。一方で、医療系の仕事にもあこがれがあって、医師や薬剤師も考えたのですが、どうしても理系の教科が苦手で……。それで、医療と福祉の両方にかかわる勉強ができそうな心理学部を選んだのです。

ざっくりとしたイメージで入学したので、当初は、さらに2年かけて大学院に行って公認心理師や臨床心理士の資格を取って心理職として働こうとまでは思っていませんでした。どうして「心理職になろう」と決めたのか、ふり返ると、ひとえに授業がおもしろかったからです。「人の心って、こうやって検査で測ることができるんだ！」とか、「カウンセリングで自分がかかわることによって、誰かの人生が少しでもプラスになったらすてきだな」と思ったので、人生一度きりだしやってみよう、と。だから、心理学に関心をもたせてくれた大学には本当に感謝しています。

### カウンセリングは共同作業

大学院を修了後、今の病院に就職し、4年目になります。この病院の心理室には常勤7人、非常勤2人の心理職がいて、各々が外来も病棟も幅広く担当しています。

外来で行うのは、面接（カウンセリング）と心理検査です。外来の面接は、一対一でお話しして、1回50分という枠が基本。患者さんはみなさん、解決したい問題を抱えています。そして「答えを教えてほしい」「心が軽くなりたい」という一心でいらっしゃるのですが、実は、カウンセリングではご自身が抱えている問題や葛藤に向き合わなければいけないので、案外苦しいものです。

それに、私たちは答えを知りません。いっしょに見つけるお手伝いはしますが、答えを見つけるのは本人です。だから初回に「少しでも楽に生きられる方法をいっしょに考えていきましょう」とお伝えしています。

また、共同作業だからこそ信頼関係が欠かせません。そのためにまずはお話をしっかり聞くことを大切にしています。相手の立場になって聞き、その方がどう体験しているのかをともに感じる。それがスタートで、そうやって話していくうちにだんだんと本人が「相手が悪いと思っていたけれど相手だけの問題じゃなかった」「自分のこういう考え方を変えたい」などと気付いていくことが多いです。

## 体の治療のサポート役も

心理検査は大きく分けると、知能検査、発達検査、性格検査、認知機能検査があり、さらにそれぞれにいろいろな種類の検査法があります。どんな検査でも、患者さんが緊張してしまうと、本来もっている能力を出せなくなってしまうので、適宜休憩を挟んだり、いきなり検査を始めるのではなく、「今、何か困っていることはありますか?」などと軽くお話をして、少し関係性を築く時間を設けてから始めるようにしています。

一方、病棟では、体の病気で入院中の患者さんが精神的に落ち込んでいる場合などに、主に看護師さんから依頼を受けて、ベッドサイドでお話を伺います。私の担当は、整形外科と脳神経外科・内科の病棟です。交通事故で急に生活がガラッと変わってしまった方、脳卒中の後遺症で喋れなくなった方……。突然の大きな変化に気持ちが追いつかない方が多いので、ちょっとでも前向きに体の治療を受けられるようサポートしています。

また、ご家族も動揺されるので、サポートに入ることもありますし、経済面の心配がありそうだなと思ったら、院内のソーシャルワーカーにつなぐこともあります。

そのほか、病棟の看護師さんたちとのカンファレンスにも参加します。最初は医療の専門用語や略語がわからず、わからない単語をメモしては調べることが大変でした。

## 「いてよかった」と思ってもらえるように

心の病気は見えません。見えないものを

卒業生インタビュー

いっしょに働く仲間とともに

扱っているからこそ、「患者さんは今何を求めているのか」「問題をどこまで深掘りすべきなのか」「最初の頃に比べてどう変わってきたのか」など、常に考え続けなければいけません。幸い、先輩がたくさんいる職場なので、迷った時にはすぐに相談できますし、最初の1、2年は週1回、自分の行ったカウンセリングを文字に起こして、先輩にチェックしてもらっていました。対話のなかで患者さんがどう感じているのか、それに対してどう質問したほうがよかったのかなど、アドバイスをもらえて本当に助かりました。

公認心理師という国家資格ができて、病院で働く心理職は少しずつ増えています。患者さんにも、いっしょに働く医師や看護師さんたちにも、心理職がいてくれてよかったと思ってもらえるようがんばっていきたいです。

# 相手に寄り添って いっしょに考え続ける仕事

卒業生インタビュー 2

警視庁(けいしちょう)　生活安全部少年育成課　台東少年センター
明治学院大学(めいじがくいんだいがく)心理学部心理学科卒業
清水(しみず)　優(ゆう)さん

編集部撮影
（以下同）

明治学院大学を選んだのは心理学を幅広(はばひろ)く学べそうと思ったことと、大学見学で図書館の雰囲気(ふんいき)に魅了(みりょう)されたから。警察官の父がよく仕事で疲(つか)れていたので、「そういう人をケアする仕事ってあるのかな」と調べて警視庁の心理職を知り、採用人数３人の難関を合格し入庁。

## 警視庁で働く心理職

私は警視庁の少年育成課というところで心理職として働いています。都内には８カ所の「少年センター」があり、そのうちのひとつです。非行をしてしまった少年少女やその親、あるいは被害(ひがい)に遭(あ)ったお子さんや親の相談に乗っています。

また、小学校や中学校を訪ねて「薬物に気をつけましょう」といった講演を行ったり、母校の大学で「こういう職場で心理職として働いています」と講義することもあります。

私が最初に心理学部に進学しようと考えたのは、小中学生時代の仲間外れの経験からでした。当時、すごく傷ついたので、人の心の傷に敏感(びんかん)でありたいと、心について学びたいと思ったのです。学んでみると、心には未知の部分がたくさんあって、心理学は奥深く、勉強そのものが楽しくて、大学では受けられるだけの授業を取って勉強していました。

## 心理を仕事にしようと決めた、ある授業

ただ、2年生くらいまでは心理学と就職は自分のなかで結びついていませんでした。洋服も好きだったのでアパレル企業に就職しようかな、なんてぼんやり考えていました。

考えが変わったのは、ある授業がきっかけです。病院や学校、企業で働く心理職や、私のように公務員として働く心理職など、いろいろな臨床現場をテーマに取り上げ、それぞれの現場で出会う人に対して「どのように対峙すればいいか」をグループで話し合う授業でした。その時に、正解はなくて考え続けないといけないんだなと気付くとともに、そういう心理学の奥深さやおもしろさを仕事にしてもいいのかもしれないと思ったのです。それで、大学院に進んで臨床心理士の資格を取ろうと決めました。

## 何もなく非行する子はいない

少年センターには、小学生から20歳未満のお子さんとその親御さんが相談にいらっしゃいます。とはいえ、悪いことをして反省して自分から相談に行こうという子はなかなかいません。だから、万引きなどをして警察署で注意を受けた時に「少年センターというところがあるから、相談に行ってごらん」と警察官から紹介されて親に連れられて来るとか、いじめをしちゃった子が学校の先生に紹介されて来るといったパターンが多いです。

非行にしてもいじめにしても、何もなくそ

ういう行動を取る子はいないと思うのですね。その裏にはいろいろな悩みや困りごとがあって、それが非行やいじめとして行動に出ているだけじゃないかな、と。でも、話を聞いてみなければわかりません。しかも1回来てもらっただけでは深い話は聞けないので、つながり続けてもらう工夫をずっと試行錯誤しています。

相手のようすや表情を見ながら話すスピードを変えたり、その子が好きな話題を振ったり、あるいは「今日は全然しゃべってくれないな」と思ったらともに絵を描いたり、お手紙を書いたり。上司に相談することもありますし、警察官に相談して、いっしょに卓球などで遊んでもらうこともあります。

ほかの人の力も借りながら、心をほぐし、関係を築き、少しずつその子が抱えている悩みや問題にもふれていきます。そうした話し方、聞き方は大学の学びが役立ちますが、何より考え続ける姿勢を大学で学べました。

## いっしょに考え続ける存在でいたい

私たちがかかわれるのはその子やご家族の歴史のほんの一瞬です。でも、未来のことなんて全然考えられなかった子が主体的に人生を歩み始める姿を見ると、ほんの一瞬でもかかわれてよかった、とやりがいを感じます。

たとえば、自傷行為をしてしまうお子さんの場合、家族に言えないことがあって、苦しい思いを抱えていたりするのですね。ここに来て話すことでちょっと心の整理になり、親にも話してみようという気持ちになって、自傷行為が減っていった子もいました。

また、暴力行為をしていたお子さんが、長

親御さんとの面談では、寄り添うことを大切にしています

くおつきあいするなかで少しずつ変わって、「無事に学校を卒業しました」といった報告を聞くとやっぱりうれしい。一方で、数回で来なくなってしまった子もいます。そういう子たちも印象深く、その後どうしているかなと、ふとした時に思い出します。

この仕事に正解はないので、目の前のご家族にとってよりよく、やりやすいことをいっしょに考え続けることが大事。私は自分自身が子育てをするようになって、より一層、いっしょに考える姿勢を大事にしたいと思うようになりました。私も〝理想の子育て〟はあっても、その通りにはいかないので、ここにいらっしゃる親御さんたちも同じかなと思うのです。正論を伝えるよりも、困っている親御さんたちに寄り添って解決の糸口をいっしょに探していけたらいいなと思っています。

# 子どもも大人も、病気の人も幅広く支援できるように

独立行政法人国立病院機構
さいがた医療センター　心理室
立正大学心理学部臨床心理学科卒業

水谷　元さん

取材先提供（以下同）

子どもの頃からナチュラルに気を遣うタイプで、「人とかかわることが好きで、自分のためにがんばるより人のためにがんばるほうがいい」と、心理職に。児童相談所の一時保護所に勤めたのち、現在は精神科の専門病院の心理室で働いている。

## 虐待を受けている子を保護する施設で

大学を卒業後、大学院に進学して公認心理師と臨床心理士の資格を取りました。最初に勤めたのは、児童相談所の一時保護所です。虐待があるという通報を受けると、児童相談所が介入するのですが、命の危険があるような緊急の場合は、いったん家庭から引き離して保護する必要があります。その時に、原則2カ月以内という期間限定で預かる施設が一時保護所です。いわば〝救急病院〟のような役割ですね。

一時保護所は子どもたちが泊まって生活をする場所で、心理職のほか、保育士やソーシャルワーカーなどが生活支援員として働いています。そのなかで心理職は、生活のようすから虐待の影響などをアセスメント（評価）して、どういうかかわりがいいかを考え、心理的な介入をするという役割でした。

こう話すと小難しいかもしれませんが、心理職としてめざしていたのは、大人は怖くないし、安心できる場所があるんだということを子どもたちに経験してもらうことです。

## 暴れん坊だった子が甘えられるように

たまたま僕がいたところは年齢の低い子どもたちも来る施設だったのですが、幼稚園児ぐらいの子どもでも「ばかやろう」「死ねよ」といった言葉を使う子もいるのです。なぜそういう言葉を使ってしまうのかといえば、本人が言われている言葉だからです。また、すぐに手が出てしまう子もいれば、甘えるのがものすごくへたな子も。甘えようとしても「うるさい」などと言われて親が受け止めてくれない環境で育った子は、それでも親のことが好きなので、無関心にされるよりは悪いことをして気を引こうと、物をひっくり返したり暴れたりしてでも見てもらおうとするクセが身についていることもあります。

でも、いっしょに遊んだりテレビを見たりしながらかかわりを続けるなかで、だんだん素直に気持ちを言えるようになって、「ねぇ、先生」とちょっと甘えられるようになる子もいるのですね。変わっていく子はわかりやすく大きく変化するので、やりがいや充実感のある仕事でした。もちろん、みんながみんな限られた時間のなかで変わっていくわけではないので、無力感を抱くこともありますが……。かかわり方に迷った時には、先輩に相談したり、それまでの生活の記録を見返して「どうして今の状態が起きているのか」ということを考えるようにしていました。

## 外来、病棟、デイケアと幅広く

この春に転職して、今は精神科の専門病院で働いています。子どもだけではなく大人も、病気を抱えている人も、いろいろな人を支援できるようになりたいと考えたからです。

病院の心理室には心理職が約10人います。大きな病院でも心理職は1人、2人しかいないことは多いので、そんなにもいるのはめずらしいです。経験できることも幅広く、たとえば今朝はまず「医療観察法病棟」という、心神喪失などの状態で重大な他害行為をしてしまった人が入院する病棟に申し送りを聞きに行き、その後、精神科の外来に。そこで先輩が行う心理検査やカウンセリングに同席させてもらったあと、お昼休憩を挟んで、「精神科デイケア」という、精神疾患をもつ患者さんが社会復帰のために通うリハビリテーションを見学させてもらいました。今は転職してきたばかりなので見学が中心ですが、幅広く経験を積みたいなと思っています。

前職とのつながりでいえば、虐待や離別など子どもの頃に過酷な体験をした人は、大人になってから精神疾患を発症するリスクが上がるといわれています。今いる病院ではいろいろな依存症の治療も行っていて、依存症の背景にも幼少期の虐待体験や家庭の問題があることが多いとの報告もあるので、その人の背景に何があるのかをちゃんと踏まえた上で支援を行えるようになりたいです。

## ちょっと苦手なことにもチャレンジを

僕が卒業したのは臨床心理学科なので、ま

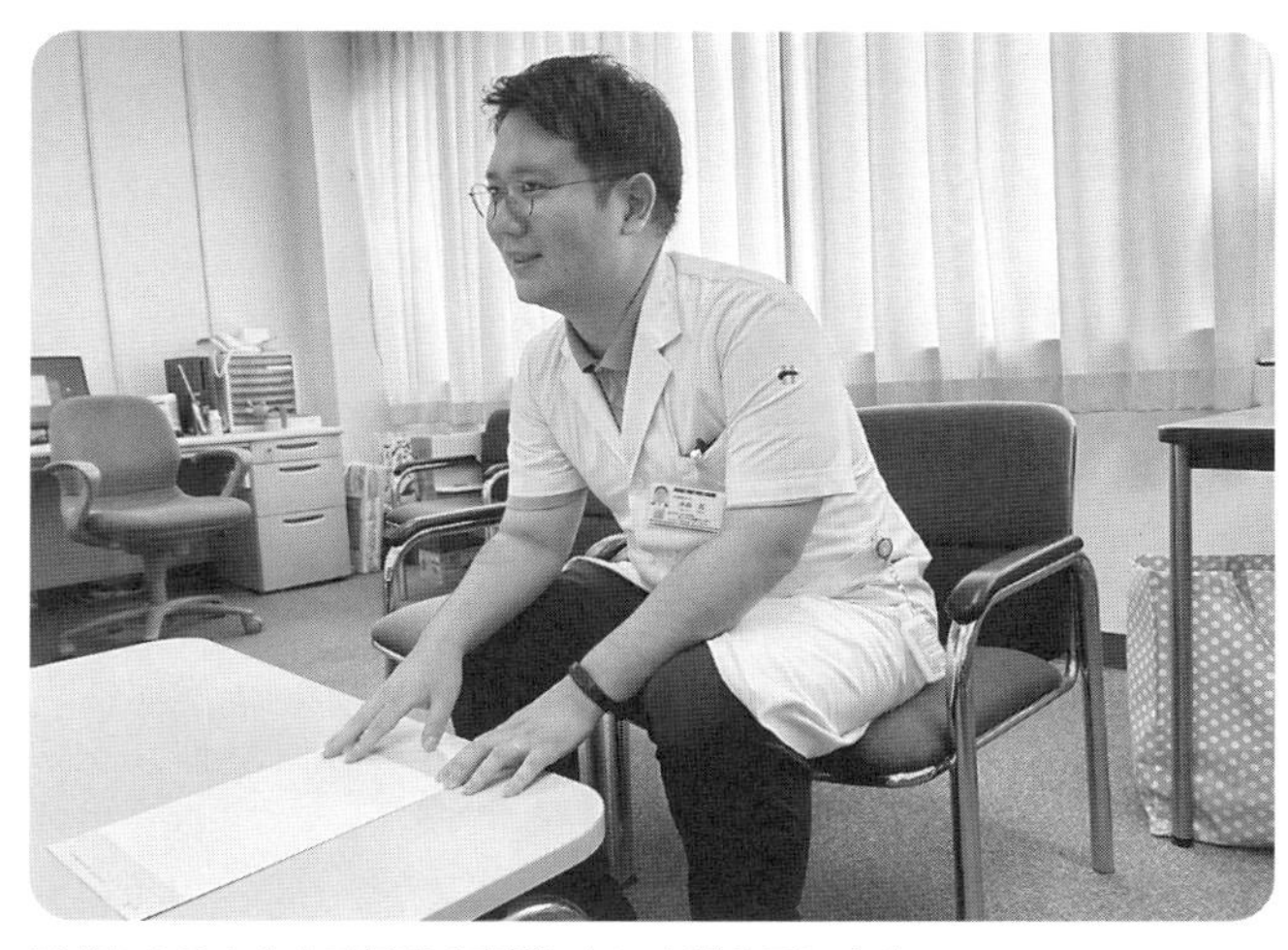

子どもから大人まで幅広く支援したいと考えています

さに今の仕事に直結することばかりを学べました。学部時代に学んだことを大学院でより深く学び、さらに社会に出て実践しながらだんだん解像度が高まっていく感覚があります。

　これから心理学部への進学を考えている人にアドバイスするなら、自分が「ちょっと苦手だな」と感じることにもあえてチャレンジしてほしいということ。社会に出ると、まずは社会人としてどうコミュニケーションを取るかが大事です。心理職であれば、心理学の知識ももちろん大切ですが、一方で、幅広い人にお会いして、「はじめまして」とあいさつして関係を築き、心の深いところを話していくことになります。いろいろな本を読み、いろいろな経験をして、いろいろなことを自分で感じることで、ぜひ自分の心の幅を広げてほしいと思います。

# 深層心理分析をものづくりにいかす

マツダ　R&D戦略企画本部開発戦略
企画部価値創造チーム
立命館大学総合心理学部社会・共生コース卒業

## 進藤あおいさん

総合心理学部が創設された翌年に入学。ゼミでは、福島県のある地域のお祭りに参加し、「どうしたらもっと盛り上がるか」をインタビューし分析する研究を手伝ったことも。そうした学部での経験が、お客さまの語りから新たな価値を見出す、今の仕事につながった。

### 深層心理分析で新たな価値を発見する

所属している「戦略企画部価値創造チーム」では、車やサービスの企画や開発戦略に活かしていけるように、車がもつ価値を新たに見出し、社内に発信していくことを行っています。そのなかで私は、心理学部で学んできた深層心理分析を使って、お客さまが車に対して抱いている価値や、今後のカーライフに期待していることなどを分析しています。

具体的には、年に数回、実際に車を購入して使ってくださっているご家族、あるいは個人の方に、どうしてその車を選んだのか、どのように使っているのかといったことをインタビューし、その内容を分析しています。

心理学の分析手法には、量的分析と質的分析の大きく2種類があり、量的分析はアンケートなどで大人数の人に意見を聞いて傾向を見るというもの。一方、私が行っているのは質的分析のほうで、少ない特定の対象を深掘りして深層心理を見ていくやり方です。

## ユーザーの語りを分析する

インタビューで伺った内容をまず文字に起こして、ていねいに読み込み、意味のまとまりごとにどんどん区切っていきます。そして、それぞれの言葉を少し抽象化していくというステップを踏んだ上で、バラバラになった文章を並べ直します。この時に「TEM」と「GTA」という二つの手法を使っていて、TEMでは時系列に並べ直し、GTAでは事象ごとにまとめていきます。

自動車メーカーである私たちは「車とはこういうもの」「ファミリーカーとはこういうもの」といったフレームをもって開発を行っているのですが、質的分析ではあえてその前提を取り払って、まっさらな状態からお客さまの語りを分析していきます。そうすると、自分たちが想定していなかったことがいろいろと見えてきて、これまで気付いていなかった視点や価値を発見することができるのです。

たとえば、シートが2列のSUV（スポーツ用多目的車）から3列のSUVの可能性を探っていた時には、お客さまに話を聞き、内容を分析しているなかで、子どもが自立したあとも家族で3列のSUVに乗りたいという気持ちが見えてきて、そのことが開発につながったということがありました。

## 心を読むのではなく、人を知っていく

私が心理学に興味をもったのは、両親が共

働きの一人っ子で、人の顔色を見て「今、何を考えているのかな」「怒っていないかな」などとよく考えるタイプだったからだと思います。人の心を知りたいという思いから心理学に興味をもち始めたのですが、心理学部で学んだからといって相手の心を読めるようになるわけではありません。でも、学んでいくうちに、ちゃんとステップを踏んで、数字や言葉と向き合うことで時間をかけて人を知っていく学問なんだとわかりました。

ただ、大学時代には、この学びをどうやって社会で活かせばいいのだろう……と、モヤモヤしていた時期もあります。そのモヤモヤが晴れたのは、ゼミであるプログラムに参加したことがきっかけでした。

当時、私が所属していたゼミの先生がマツダと共同研究を行っていて、授業の一環として、それこそ今私が行っているようなインタビューの分析を体験する機会があったのです。サンプルデータを使って、1週間かけて分析を行い、最後に結果を発表するという流れでした。その時にはじめて、大学で学んできたことがものづくりに活かせるんだと実感し、ひとつの道が見えたような気がしました。

その後、インターンにも参加し、その時には、すでに分析されたデータをもとにお客さま像を明確にし、新しい車のコンセプトを考えるということを体験しました。その二つの経験から、このように学びを活かせたらいいなと思うようになり、今に至っています。

## 時間がある今、チャレンジしよう

今は大学で学んできた分析方法を使って日々分析を行っているのですが、これまで見

卒業生インタビュー

お客さまの言葉を付箋に記して分析します

えづらかった部分に光を当てられ、新しい事象に気づけた時にはとてもうれしいです。これからもいろいろなお客さまの意見や考え方を聞き、新しい視点を発見していきたいなと思っています。同時に、分析結果をどんどん社内で活用してもらうために、説明の仕方ももっと工夫していきたいです。

大学時代、ゼミの先生が「学生時代は時間はあるけれどお金はない。でも、お金は大人が出すから時間のあるうちにやりたいことをやりなさい」とよくおっしゃっていました。私も心理学っておもしろそうという軽い気持ちから入学したものの、ゼミでのプログラムに手をあげて参加したことが思いがけず今の仕事につながりました。中高生のみなさんも、大小関係なくやってみたいことにはどんどんチャレンジしてほしいなと思います。

# 5章

## 心理学部をめざすなら何をしたらいいですか？

# Q20 心理学部のある大学の探し方・比べ方を教えてください

## 公認心理師資格に対応しているか

心理学部は比較的新しい学部で、学部として設けている大学はそう多くない。でも、2章で紹介した通り、心理学を学べる大学は心理学部だけではないんだ。公益社団法人日本心理学会のサイトには、心理学科や心理専攻も含めて、全国の「心理学を学べる大学」のリストが掲載されているよ。地域別に紹介されているから、ぜひ参考にしてほしい。

ただ、たくさんの大学が紹介されているから、今度は「どうやって選べばいいんだろう」と迷うかもしれないね。**まず大事なことは、あなたが公認心理師の資格取得をめざすかどうか、だ。**今はまだ本当に資格を取るかわからないかもしれないけれど、ちょっとでも気になるのなら、**行きたい大学が公認心理師の養成カリキュラムに対応しているか、必ずチェックしておこう。**対応している大学はパンフレットやホームページにそう書いてあるはずだよ。わからない時にはオープンキャンパスや相談会などで直接質問してみるといいね。

また、公認心理師のカリキュラムに対応していても、全員の学生が指定の科目を受けられるわけではないんだ。特に外部の病院やクリニックの見学が必要な心理実習は、ほとんどの大学で定員を設けている。希望者は全員受けられるのか、定員は何人ぐらいなのか、あらかじめ知っておくと安心だね。さらに、**大学院が公認心理師や臨床心理士の養成カリキュラムに対応しているかも念のために確認しておこう。**毎年何人ぐらいが大学院に進学して、公認心理師試験や臨床心理士試験の合格率はどのぐらいかも調べておくといいよ。

## どんな先生がいるのか、心理学のどんな分野が学べるのか

心理学にはたくさんの分野があるけれど、あなたが今興味があるのはどんな心理学かな？　学びたい分野が決まっている人は、その分野を学べるか必ず確認しておこう。その際、**どんな教員がいるのか、それぞれの先生の専門分野や研究テーマをチェックしておくといいよ。**

一方で、心理学全般に興味があって、まだ分野まではわからないという人もきっと多いよね。その場合は、教員数が多くて、いろいろな分野の心理学を学べそうな大学がいいかな。教員が多いということは、それだけいろいろな専門分野をもっている先生に出会えるということ。自分が本当に「やりたい！」と思う分野に出合える確率が上がるということだ。

それに、学んでいるうちに自分の興味が変わることもある。今回インタビューさせてもらった人からも「最初は社会心理学系に興味があったけれど、認知心理学がすごくおもしろいと思うようになった」「犯罪心理学をきっかけに心理学に興味をもったけれど、今は社会心理学のゼミに入っている」といった話を聞いたよ。「総合的にいろいろな心理学を学べるカリキュラムになっていると、とりあえず一度は学ぶ機会があるから嫌でもそれぞれの心理学の内容が入ってくる。それが魅力」と話してくれた学生さんもいた。

あと、心理学部について「入学してみたら、思っていたイメージとちょっと違った」という話もときに聞いた。巷にあふれている〝心理学〟とは違うからかな。それでも、いろいろな専門分野をもった先生がいて、いろいろな心理学に出合えるチャンスがあれば、「これだ！」と思うものをきっと見つけられると思う。

## オープンキャンパスにも参加しよう

大学が発行している資料や公式サイトを見ればくわしい情報を入手することができるけれど、できれば実際に見学に行ってみるといいよ。「オープンキャンパス」といって、学校を開放して、施設内を紹介したり、各学部・学科を紹介する催しものや模擬授業を行ったりするイベントもある。もし可能であれば、ぜひ参加して。最近ではオンライン配信も行っていて、アーカイブで見られることも多いよ。オンライン個別相談やオンライン模擬授業などもあるから、遠方の人、オープンキャンパスに参加しそびれた人は活用してね。

ほかにも、**キャンパス見学会を開催している大学もある。オープンキャンパスの時のような催しものはないけれど、ふだんの大学の雰囲気が感じられていいと思う。**できれば複数の大学を見学したら、違いがわかりやすいかな。大学見学で「図書館の雰囲気に魅了されて、『ここで勉強したい』と思った」と話してくれた人もいた。４年間通って勉強することになる場所だから、そういう体感も大事だと思う。

あと、立地や学費、入試形式ももちろん大事。学費は、国公立か私立かで大きく違う。国公立は４年間で２５０万円前後だけれど、私立は４００万～６００万円ほど。国公立大学のほうが安いんだ。ただ、心理学部という学部を設けているのは、現状、私立大学だけなんだ。それから、大学によって規模も違うよ。１学年が３００人近くの心理学部もあれば、心理学科の場合は50人前後のところも。少人数でアットホームなほうがいいのか、大人数でいろいろな人がいるほうがいいのか、それぞれのよさがあるね。

## 心理学は幅広いから、どんな心理学が学べるか調べよう

# Q21 かかわりの深い教科はなんですか？

## 統計学を理解するには数学

心理学は高校までに学ぶことがない学問だ。だから、主要5教科のどれかが苦手だと厳しいといったことはない。ただ、**多くの人から共通して聞いたのが、数学の大切さだよ。**目には見えない心というものを扱う学問だからこそ、データを集めて科学的なアプローチで一般的な法則を見つけだしていく必要がある。そのためには**統計学を学ぶことが欠かせない。**しかも、統計は心理学の研究を行うためのツールとして使うものだからこそ、一度、統計学の授業を取って単位が取れればOKというわけではないんだ。1年目で統計学の基礎を学び、だんだんと理解を深めながら、統計学を応用できる力を身につけていく。だから、どの大学の心理学部でも、4年間の学びのなかで統計学に関する授業をいくつか受けることになると思う。

統計学について学ぶには、数学をちゃんと勉強しておくと役立つよ。統計の複雑な計算

は基本的にはパソコンの統計ソフトを使って行うことになるから、計算力はそこまで必須ではないかもしれない。でも、微分積分や確率といった数学がちゃんと身についていると、統計学の授業もスムーズに理解しやすいんだ。

心理学部の入学試験は、数学は必須科目ではなく、文系科目のみで受験できるところが多いから、「受験に要らないならいいか」と思ってしまう人もいるかもしれない。でも、入学してから統計学の授業に苦労する人は多いと聞くから、文系の人も高校までに習う数学はちゃんと理解しておこう。

## 情報の授業でパソコンに慣れよう

心理学を学ぶためのツールという意味では、情報の授業も大事かな。統計学の授業ではパソコンの統計ソフトを使うと説明したけれど、ノートパソコンやタブレット端末を持参して受ける授業は結構多いんだ。

それに、実験や演習の授業が多い心理学部では、レポートの提出も多い。レポートは手書きで提出する場合もあるけれど、長いレポートは手書きでは大変だ。さらに、実験や調査で得られたデータを解析して、結果をグラフや表にしてまとめることもよくある。そういった作業はやっぱりパソコンが使われる。それから、演習やゼミではプレゼンテーションを行う機会も多い。プレゼンのための資料をつくるのもパソコンが便利だ。

このように大学の授業ではパソコンが〝相棒〟のようなもの。動画やインターネットを見るだけではなく、早いうちからパソコンを使うことに慣れておくと便利だよ。

## 英語力があると世界が広がる

心理学部に限らないけれど、**英語教育に力を入れている大学は多い**。ある大学では、「読む・書く・話す・聞く」の四つのスキルを総合的にみがくとともに、心理学に関する専門的な文章を英語で読み、英語で専門的なコミュニケーションができるように努めているそう。別の大学でも、学生自身が興味・関心のあるテーマについて世界中から情報を集め、その成果を英語で発表するという発信型の英語プログラムを取り入れていると聞いた。

なぜそんなふうに英語に力を入れているのかといえば、**英語が使えれば世界が広がるからだ**。たとえば、心理学では論文を読む機会が多い。その際、日本語の論文だけではなく、英語の論文も読むことができれば、得られる情報は格段に増える。心理学部の卒業生のなかには、臨床(りんしょう)現場で心理職として働きながら研究も続けていて、国際学会で発表するという人もいたよ。ちなみに、英語を日本語に自動で翻訳(ほんやく)してくれるツールもあり、大学によってはツールとして賢(かしこ)く使うことを推奨(すいしょう)しているところもあるそう。でも、まだまだ完璧ではないから、翻訳ツールを使うにしてもやっぱり英語力は必要だと思う。

それに英語を学ぶことは、コミュニケーションのツールとして役立つだけではないんだ。ある先生は「英語で話す時には、ものの考え方も感情の生じ方も違う。そういった違いを知ることも大事」と話してくれたよ。

## 読む・話す・書くという国語力も大事

「論文やテキストなどを読む機会も多いから、読書を通して文章を読むことに慣れておくといいと思う」と教えてくれた学生さんもいたよ。読書はもちろん、国語力全般が大事かな。

心理学部では、論文やテキストを〝読む〟だけではなく、グループディスカッションで自分の考えを〝伝える〟、レポートを〝書く〟機会も多いし、相手の話を〝聞く〟こと、〝理解する〟ことも大事だ。そのベースに必要となるのは国語力だよね。大学に入ってからは、「国語」の授業そのものはなくなるけれど、どんな科目を受けるにしても、そのベースに必要となるのが国語力なんだ。


心理学を学ぶベースとなる力をつけておこう

# Q22

# 学校の活動で生きてくるようなものはありますか？

## グループワークに参加しよう

中学校や高校では少人数のグループで話し合ってプレゼンテーションをしたり、班で研究をしたりというグループワークを取り入れている学校が増えているんじゃないかな。グループワークに苦手意識をもっている人もいるかもしれないけれど、**心理学部では少人数のグループで実験をしたりディスカッションしたり、グループワークの機会がたくさんあるよ。**だから、慣れておくと安心だね。

グループワークが苦手な人は、もしかしたら〝正しいこと〟を言おうとしすぎているのかもしれないね。グループワークの課題では、ひとつの正解があるわけではないいんじゃないかな。一人ひとり違(ちが)った考えをもってもいいんだ。それを伝えることでみんなにとって気付きが増えるんだよ。どうしても自分の意見がまとまらない時には、ほかの人の意見をしっかり聞こう。共感したり、いい考えだなと思ったりしたら、そのことを伝えよう。相

手の意見を受け止めることも大切な学びだよ。

## 本を読む

情報を得るならインターネットで検索すればいい。すぐにたくさんの情報を得られるよね。そのなかから、自分が本当に知りたい情報や間違いのない情報を選び取る「情報リテラシー」を鍛えることも大事なこと。でも、**インターネットでの情報収集だけでは、浅く広くになりやすい。もっと深い知識を得ようと思ったら、読書が大事だと思う。**

本を読むという行為は、ただ文字を目で追うだけではなく、内容について理解し、考えるという行為もともなう。だから、理解力も思考力も鍛えられるし、著者の考えを知ることで視野も広がる。小説であれば、物語の登場人物の心情を想像することで、心の機微を知って、想像力が豊かになる。直接的に心理学にかかわる本ではなくとも、心理学の学びにつながってくるんだ。

**人とのかかわり、本との出合い、どんな経験も糧になるよ**

# Q23

# すぐに挑める心理学部にかかわる体験はありますか？

## 「高校生のための心理学講座」がある

日本心理学会は、全国の大学と共催して、「高校生のための心理学講座」というものを開催しているよ。**心理学とはどういう学問なのか。その地域の大学の心理学部で教えている先生たちが登壇して、それぞれの専門分野について話をしてくれる講座だよ。**

臨床心理学、認知心理学、社会心理学、犯罪心理学、スポーツ心理学……。いろいろな心理学の分野があることはこの本でも伝えてきたよね。「高校生のための心理学講座」は、実際にその分野を研究している先生の話を直に聞くことができる貴重な機会だ。毎年全国の大学で開催されているから、日本心理学会の公式サイトで予定をチェックしよう。事前申し込みが必要だけれど、心理学に興味がある人なら誰でも無料で参加できるよ。

また、「高校生のための心理学講座」の YouTube 版もある。「プレッシャーを感じると失敗するのはなぜ?」「『恋すること』の脳と心のメカニズム」「犯罪予防の心理学」など、いろいろなテーマの動画が公開されているから、気になったものから見てみよう。「こういう心理学もあるのか！」と発見があると思う。

## 「心理学ミュージアム」と「心理学ワールド」

同じく日本心理学会がウェブで公開しているものに「心理学ミュージアム」と「心理学ワールド」というものがある。どちらも心理学の世界を体験できるコンテンツなんだ。

まず「**心理学ミュージアム」は、心理学の研究成果の一端を紹介するコンテンツがミュージアムのように集まったサイトだよ。**大人だけではなく、中学生や高校生にも見てもらえるように、心理学の内容がわかりやすく、親しみやすく紹介されている。

「**心理学ワールド」は、1年に4冊発行される雑誌だけれど、日本心理学会のサイトでバックナンバーが無料公開されているんだ。**どちらかというと心理学を研究している人向けの雑誌だから、記事によってはちょっと難しいかもしれない。でも、身近なトピックを扱った「あなたの周りの心理学」や高校生向けに書かれた「Psychology for U-18 高校生に伝えたい○○の心理学」のように読みやすい連載もある。また、「ここでも活きてる心理学」という連載では、いろいろな職業の人が登場して、仕事のなかでどのように心理学が役立っているのかを教えてくれる。心理学部を卒業後にどういう働き方、生き方があるのか、キャリアプランが広がると思うよ。

## 心理学者やカウンセラーが登場するドラマやマンガも

心理学部生のなかには、**心理学者が活躍するドラマを見たことがきっかけで心理学に興味をもった、と話してくれた人もいたよ。** 行動心理学や犯罪心理学を駆使して事件を解決していくサスペンスドラマなど、ドラマティックな展開にワクワクするよね。それから、カウンセラーなどの心理の専門家が登場するマンガや小説も、ノンフィクションからフィクションまでいろいろある。フィクションの小説、マンガ、映画は現実以上にドラマティックに描かれているけれど、それだけにストーリーを楽しみながら心理学の世界を体験できるし、ノンフィクションは事実ならではの深い感動がある。どちらもお勧めだ。

## スクールカウンセラーの先生に聞いてみよう

ところで、**いちばん身近な心理の専門家がスクールカウンセラーの先生じゃないかな。** スクールカウンセラーは臨床心理士や公認心理師の資格をもっている人が多いんだ。つまり、心理学部で学んだ人がほとんどだよ。

あなたの学校にはスクールカウンセラーの先生はいるかな？　もしもいるなら、話を聞いてみよう。何か悩んでいることがあればその相談をしてもいいし、ある学生はスクールカウンセラーという仕事自体に興味があって相談室に話を聞きに行ったことがある、と話してくれたよ。

## いろいろな人と話して、いろいろな経験を積もう

「心理学部に興味がある中高生にぜひ体験してほしいことはありますか？」――。心理学部の先生や学生さん、卒業生の方にそう質問すると、まず返ってきた答えは**「なんでも経験してほしい」ということだった。**

自分には難しいかなと思うことも、ちょっとでもやりたい気持ちがあるのなら、なんでもチャレンジしてほしい。そしていろいろな人とかかわり、話をしてほしい。そのなかで、もしかしたら失敗したり、傷ついたりすることもあるかもしれない。でも、心を学んでいくなかで、自分自身の心が動いた経験というのはいい学びの材料になる。だから、どんなことでも自分自身で体験し、自分の五感を使って体感したことは宝なんだ。

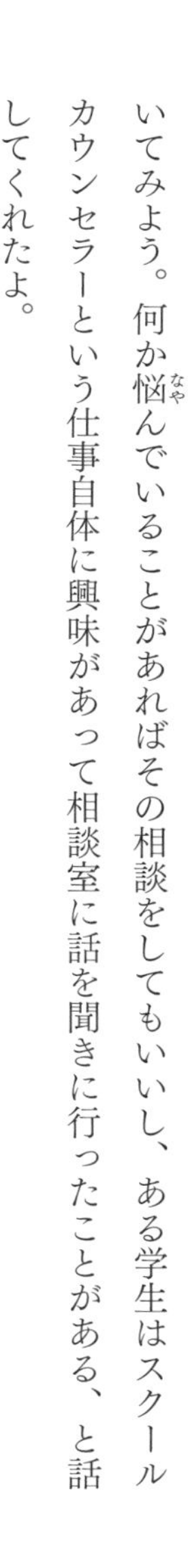

著者紹介

**橋口佐紀子**（はしぐち さきこ）

1981年鹿児島県生まれ。慶應義塾大学文学部卒業。医療系出版社、医療系のコンサルティング会社を経て、現在はライターとして、医療や健康、福祉に関する取材記事、人物取材を中心に執筆。著書に、『医療を支える女たちの力』（へるす出版）、『看護師になる！ 2012』『再生 銚子市立病院』（ともに日労研）、『しごと場見学！ クリニック・薬局で働く人たち』『視能訓練士になるには』『薬学部』『歯学部』（ぺりかん社）などがある。

なるにはBOOKS 大学学部調べ
**心理学部** 中高生のための学部選びガイド

2023年11月10日　初版第1刷発行
2024年11月10日　初版第2刷発行

著者　橋口佐紀子
発行者　廣嶋武人
発行所　株式会社ぺりかん社
〒113-0033　東京都文京区本郷1-28-36
TEL：03-3814-8515（営業）/03-3814-8732（編集）
http://www.perikansha.co.jp/

装幀・本文デザイン　ごぼうデザイン事務所
装画・本文イラスト　保田正和
写真　編集部
印刷・製本所　株式会社太平印刷社


ISBN978-4-8315-1651-0
Printed in Japan

仕事の実際から
なり方まで解説

# なるにはBOOKS

B6判／並製カバー装
平均160頁

## 105 保健師・養護教諭になるには

山崎京子(元茨城キリスト教大学教授)監修
鈴木るり子・標美奈子・堀篭ちづ子編著

❶人びとの健康と生活を守りたい
❷保健師の世界［保健師とは？、仕事と職場、収入・将来性、なるにはコース］
❸養護教諭の世界［養護教諭とは？、仕事と職場、収入・将来性、なるにはコース］

★★★

## 16 保育士になるには

金子恵美(日本社会事業大学教授)編著

❶子どもたちの成長に感動する日々！
❷保育士の世界［保育士の仕事、保育の歴史、保育士の働く施設と保育の場、勤務体制と収入］
❸なるにはコース［適性と心構え、資格取得について、採用について］

☆

## 19 司書になるには

森智彦(東海大学専任准教授)著

❶本と人をつなぐ仕事
❷司書の世界［図書館とは何か、司書・司書教諭・学校司書の仕事、図書館と司書の未来、生活と収入］
❸なるにはコース［適性と心構え、資格の取得方法、就職の実際他］

★★★

## 56 幼稚園教諭になるには

大豆生田啓友(玉川大学教育学部教授)著

❶子どもたちの最初の先生！
❷幼稚園教諭の世界［変化する幼稚園、幼稚園教諭の役割、幼稚園・認定こども園で働く人たち他］
❸なるにはコース［幼稚園教諭の適性、免許の取得方法、就職他］

★★★

## 110 学芸員になるには

横山佐紀(中央大学准教授)著

❶モノと知の専門家
❷学芸員の世界［博物館とはなんだろう、博物館の種類、学芸員とは、仕事と職場、さまざまな専門性、生活と収入他］
❸なるにはコース［適性と心構え、資格の取得方法、就職の実際他］

★★★

## 29 小学校教諭になるには

森川輝紀・山田恵吾著

❶子どもたちのかけがえのない日々
❷小学校教諭の世界［教師の歴史、小学校の組織とそこで働く人たち、一年間の仕事、一日の仕事、給与他］
❸なるにはコース［心構え、教員免許をとるために、教壇に立つには］

★★★

## 84 日本語教師になるには

益田美樹(ジャーナリスト)著

❶日本の文化と言語を世界へ！
❷日本語教師の世界［日本語教師とは、成り立ちと歴史、日本語教師の役割、仕事内容、職場、勤務状況と給与他］
❸なるにはコース［適性と心構え、日本語教師へのキャリアパス、就職他］

★★★

## 89 中学校・高校教師になるには

森川輝紀(福山市立大学教育学部教授)編著

❶生徒とともに学び続ける
❷中学校・高校教師の世界［中学校教師の職場と仕事、高校教師の1年間の仕事、実技系教師、給与他］
❸なるにはコース［心構え、資格を取るには、教壇に立つには］

☆

## 補巻25 教育業界で働く

三井綾子(教育ライター)著

❶教育業界って何だろう
❷学力や受験にかかわる仕事［進学塾、個別指導塾、通信教育講座、オンライン学習サービス、プログラミング教室他］
❸幼児や社会人の教育にかかわる仕事［英会話教室、資格学校、教育研修コンサルタント他］

★★★

## 66 特別支援学校教諭になるには

松矢勝宏(東京学芸大学名誉教授)・
宮崎英憲・高野聡子編著

❶特別支援学校ってどんなところ？
❷特別支援学校教諭の世界［障害のある子どものための学校教育の歴史他］
❸なるにはコース［適性と心構え、必要な教員免許状、養成機関、採用・就職］

★★★

☆☆☆…1600円　★★★…1500円　☆☆…1300円　★★…1270円　☆…1200円　★…1170円(税別価格)

## 10 通訳者・通訳ガイドになるには

鑓田浩章（エディトリアルディレクター）著

❶日本と世界の懸け橋として
❷通訳者・通訳ガイドの世界［通訳者の誕生から現在まで、通訳者・通訳ガイドが活躍する現場、生活と収入、将来性］
❸なるにはコース［適性と心構え、通訳者への道、通訳関連の資格について他］

★★★

## 65 地方公務員になるには

井上繁（元常磐大学教授）編著

❶地域のために
❷地方公務員の世界［地方公務員とは、地方公務員の職場・組織、さまざまな地方公務員、生活と収入、将来］
❸なるにはコース［適性と心構え、試験の概要、就職の実際］

☆

## 142 観光ガイドになるには

中村正人（ジャーナリスト）著

❶"おもてなし"の心をもって
❷通訳案内士の世界［観光ガイドを取り巻く世界、通訳案内士とは、生活と収入、通訳案内士になるには他］
❸添乗員の世界［添乗員とは、添乗員の仕事、生活と収入、添乗員になるには他］

☆

## 20 国家公務員になるには

井上繁（元常磐大学教授）編著

❶国民全体の奉仕者として
❷国家公務員の世界［国家公務員とは、国家公務員の特殊性、役所の機構と業務、生活と収入他］
❸なるにはコース［適性と心構え、なるための道のり、試験の概要他］

☆

## 61 社会福祉士・精神保健福祉士になるには

田中英樹（東京通信大学教授）・菱沼幹男（日本社会事業大学准教授）著

❶支援の手を差し伸べる
❷社会福祉士の世界［現場と仕事、生活と収入・将来性、なるにはコース］
❸精神保健福祉士の世界［現場と仕事、生活と収入・将来性、なるにはコース］

★★★

## 83 国際公務員になるには

横山和子（東洋学園大学特任教授）著

❶世界の平和と安全に取り組む国際公務員
❷国際公務員の世界［日本と国連とのかかわり、国連・国際機関の組織と仕組み、職場と仕事、生活と収入、将来性］
❸なるにはコース［適性と心構え、国際公務員への道のり、なるための準備］

★★★

## 100 介護福祉士になるには

渡辺裕美（東洋大学教授）編著

❶利用者の生活を支える
❷介護福祉士の世界［社会福祉とは、介護福祉士の誕生から現在まで、活躍する現場と仕事、生活と収入、将来性他］
❸なるにはコース［適性と心構え、介護福祉士への道のり、就職の実際他］

★★★

## 23 外交官になるには

飯島一孝（元毎日新聞社編集委員）著

❶外交の最前線を担う！
❷外交官の世界［外交とは、日本の外交、外務省の歴史、外務省の組織、在外公館、生活と収入、外交官のこれから他］
❸なるにはコース［適性と心構え、採用試験、研修制度］

★★★

## 補巻 24 福祉業界で働く

戸田恭子（フリーライター）著

❶まずは福祉業界を学ぼう
❷日常生活をサポートする福祉の仕事
❸さまざまな相談に応じる福祉の仕事
❹身体機能の回復を図る福祉の仕事
❺健康管理・病気予防のために働く福祉の仕事
❻まだまだある福祉の仕事

★★★

## 51 青年海外協力隊員になるには

益田美樹（ジャーナリスト）著

❶自分の技術と経験を活かす青年海外協力隊員
❷青年海外協力隊員の世界［青年海外協力隊とは、青年海外協力隊の歴史、社会的意義と役割、選考と試験他］
❸ほかにもある海外協力［国連組織で働く、民間で行う支援］

★★★

## 112 臨床検査技師になるには
岩間靖典(フリーライター)著
❶現代医療に欠かせない医療スタッフ
❷臨床検査技師の世界[臨床検査技師とは、歴史、働く場所、臨床検査技師の1日、生活と収入、将来]
❸なるにはコース[適性と心構え、養成校、国家試験、認定資格、就職他]
★★★

## 13 看護師になるには
川嶋みどり(日本赤十字看護大学客員教授)監修
佐々木幾美・吉田みつ子・西田朋子著
❶患者をケアする
❷看護師の世界[看護師の仕事、歴史、働く場、生活と収入、仕事の将来他]
❸なるにはコース[看護学校での生活、就職の実際]/国家試験の概要]
☆

## 149 診療放射線技師になるには
笹田久美子(医療ライター)著
❶放射線で検査や治療を行う技師
❷診療放射線技師の世界[診療放射線技師とは、放射線医学とは、診療放射線技師の仕事、生活と収入、これから他]
❸なるにはコース[適性と心構え、養成校をどう選ぶか、国家試験、就職の実際]
★★★

## 147 助産師になるには
加納尚美(茨城県立医療大学教授)著
❶命の誕生に立ち会うよろこび!
❷助産師の世界[助産師とは、働く場所と仕事内容、連携するほかの仕事、生活と収入、将来性他]
❸なるにはコース[適性と心構え、助産師教育機関、国家資格試験、採用と就職他]
★★★

## 153 臨床工学技士になるには
岩間靖典(フリーライター)著
❶命を守るエンジニアたち
❷臨床工学技士の世界[臨床工学技士とは、歴史、臨床工学技士が扱う医療機器、働く場所、生活と収入、将来と使命]
❸なるにはコース[適性、心構え、養成校、国家試験、就職、認定資格他]
★★★

## 152 救急救命士になるには
益田美樹(ジャーナリスト)著
❶救急のプロフェッショナル!
❷救急救命士の世界[救急救命士とは、働く場所と仕事内容、勤務体系、日常生活、収入、将来性他]
❸なるにはコース[なるための道のり/国家資格試験/採用・就職他]
★★★

## 86 歯科医師になるには
笹田久美子(医療ライター)著
❶歯科治療のスペシャリスト
❷歯科医師の世界[歯科医療とは、歯科医療の今むかし、歯科医師の仕事、歯科医師の生活と収入、歯科医師の将来]
❸なるにはコース[適性と心構え、歯科大学、歯学部で学ぶこと、国家試験他]
★★★

## 58 薬剤師になるには
井手口直子(帝京平成大学教授)編著
❶国民の健康を守る薬の専門家!
❷薬剤師の世界[薬剤師とは、薬剤師の歴史、薬剤師の職場、生活と収入他]
❸なるにはコース[適性と心構え、薬剤師になるための学び方、薬剤師国家試験、就職の実際他]
★★★

## 47 歯科衛生士・歯科技工士になるには
宇田川廣美(医療ライター)著
❶口の中の健康を守る!
❷歯科衛生士・歯科技工士の世界[歯科衛生士の仕事、歯科技工士の仕事、生活と収入、将来]
❸なるにはコース[適性と心構え、養成学校、国家試験、就職の実際他]
★★★

## 160 医療事務スタッフになるには
笹田久美子(医療ライター)著
❶医療事務の現場から
❷医療事務の世界[医療事務ってどんな仕事?、医療事務の今むかし、医療事務が必要とされる職場、生活と収入他]
❸なるにはコース[主な資格と認定試験、資格をとる学び方、就職の実際他]
☆☆☆

☆☆☆…1600円　★★★…1500円　☆☆…1300円　★★…1270円　☆…1200円　★…1170円(税別価格)

### 68 獣医師になるには

井上こみち（ノンフィクション作家）著

❶人と動物の未来を見つめて
❷獣医師の世界［獣医師とは、獣医師の始まり、活躍分野、待遇、収入］
❸なるにはコース［適性と心構え、獣医大学ってどんなところ？、獣医師国家試験、就職と開業］

☆☆☆

### 90 動物看護師になるには

井上こみち（ノンフィクション作家）著

❶ペットの命を見つめ健康をささえる
❷動物看護師の世界［動物看護師とは、動物看護師の仕事、生活と収入、動物看護師のこれから］
❸なるにはコース［適性と心構え、養成学校で学ぶこと、資格、就職］

☆☆☆

### 34 管理栄養士・栄養士になるには

藤原眞昭（群羊社代表取締役）著

❶“食”の現場で活躍する
❷管理栄養士・栄養士の世界［活躍する仕事場、生活と収入、将来性他］
❸なるにはコース［適性と心構え、資格をとるには、養成施設の選び方、就職の実際他］／養成施設一覧

☆

### 151 バイオ技術者・研究者になるには

堀川晃菜（サイエンスライター）著

❶生物の力を引き出すバイオ技術者たち
❷バイオ技術者・研究者の世界［バイオ研究の歴史、バイオテクノロジーの今昔、研究開発の仕事、生活と収入他］
❸なるにはコース［適性と心構え、学部・大学院での生活、就職の実際他］

☆☆☆

### 補巻 21　医薬品業界で働く

池田亜希子（サイエンスプロデューサー）著

❶医薬品業界を知ろう！
❷創薬研究者、医薬品開発者、医薬情報担当者（ＭＲ）、薬事担当者
❸安全性管理担当者、審査調整官、病院薬剤師
❹なるにはコース［資格と取得方法他］

★★★

### 67 理学療法士になるには

丸山仁司（国際医療福祉大学教授）編著

❶機能回復に向けて支援する！
❷理学療法士の世界［理学療法の始まりと進展、理学療法士の仕事、理学療法士の活躍場所、生活・収入］
❸なるにはコース［養成校について、国家試験と資格、就職とその後の学習］

☆

### 97 作業療法士になるには

濱口豊太（埼玉県立大学教授）編著

❶作業活動を通じて社会復帰を応援する！
❷作業療法士の世界［作業療法の定義と歴史、作業療法の実際、生活・収入］
❸なるにはコース［適性と心構え、養成校について、国家試験、就職について］

☆

### 113 言語聴覚士になるには

㈳日本言語聴覚士協会協力
中島匡子（医療ライター）著

❶言葉、聞こえ、食べる機能を支援するスペシャリスト！
❷言語聴覚士の世界［働く場所、生活と収入、言語聴覚士のこれから他］
❸なるにはコース［適性と心構え、資格他］

★★★

### 150 視能訓練士になるには

㈳日本視能訓練士協会協力
橋口佐紀子（医療ライター）著

❶眼の健康管理のエキスパート
❷視能訓練士の世界［視能訓練士とは、働く場所、生活と収入、これから他］
❸なるにはコース［適性と心構え、養成校で学ぶこと、国家試験、就職について］

★★★

### 146 義肢装具士になるには

㈳日本義肢装具士協会協力
益田美樹（ジャーナリスト）著

❶オーダーメードの手足と装具を作る
❷義肢装具士の世界［働く場所と仕事内容、生活と収入、将来性他］
❸なるにはコース［適性と心構え、養成校、資格試験、採用・就職他］

★★★

## 【なるにはBOOKS】ラインナップ

税別価格 1170円〜1700円

1——パイロット
2——客室乗務員
3——ファッションデザイナー
4——冒険家
5——美容師・理容師
6——アナウンサー
7——マンガ家
8——船長・機関長
9——映画監督
10——通訳者・通訳ガイド
11——グラフィックデザイナー
12——医師
13——看護師
14——料理人
15——俳優
16——保育士
17——ジャーナリスト
18——エンジニア
19——司書
20——国家公務員
21——弁護士
22——工芸家
23——外交官
24——コンピュータ技術者
25——自動車整備士
26——鉄道員
27——学術研究者(人文・社会科学系)
28——公認会計士
29——小学校教諭
30——音楽家
31——フォトグラファー
32——建築技術者
33——作家
34——管理栄養士・栄養士
35——販売員・ファッションアドバイザー
36——政治家
37——環境専門家
38——印刷技術者
39——美術家
40——弁理士
41——編集者
42——陶芸家
43——秘書
44——商社マン
45——漁師
46——農業者
47——歯科衛生士・歯科技工士
48——警察官
49——伝統芸能家
50——鍼灸師・マッサージ師
51——青年海外協力隊員
52——広告マン
53——声優
54——スタイリスト
55——不動産鑑定士・宅地建物取引士
56——幼稚園教諭
57——ツアーコンダクター
58——薬剤師
59——インテリアコーディネーター
60——スポーツインストラクター
61——社会福祉士・精神保健福祉士
62——中小企業診断士
63——社会保険労務士
64——旅行業務取扱管理者
65——地方公務員
66——特別支援学校教諭
67——理学療法士
68——獣医師
69——インダストリアルデザイナー
70——グリーンコーディネーター
71——映像技術者
72——棋士
73——自然保護レンジャー
74——力士
75——宗教家
76——CGクリエータ
77——サイエンティスト
78——イベントプロデューサー
79——パン屋さん
80——翻訳家
81——臨床心理士
82——モデル
83——国際公務員
84——日本語教師
85——落語家
86——歯科医師
87——ホテルマン
88——消防官
89——中学校・高校教師
90——動物看護師
91——ドッグトレーナー・犬の訓練士
92——動物園飼育員・水族館飼育員
93——フードコーディネーター
94——シナリオライター・放送作家
95——ソムリエ・バーテンダー
96——お笑いタレント
97——作業療法士
98——通関士
99——杜氏
100——介護福祉士
101——ゲームクリエータ
102——マルチメディアクリエータ
103——ウェブクリエータ
104——花屋さん
105——保健師・養護教諭
106——税理士
107——司法書士
108——行政書士
109——宇宙飛行士
110——学芸員
111——アニメクリエータ
112——臨床検査技師
113——言語聴覚士
114——自衛官
115——ダンサー
116——ジョッキー・調教師
117——プロゴルファー
118——カフェオーナー・カフェスタッフ・バリスタ
119——イラストレーター
120——プロサッカー選手
121——海上保安官
122——競輪選手
123——建築家
124——おもちゃクリエータ
125——音響技術者
126——ロボット技術者
127——ブライダルコーディネーター
128——ミュージシャン
129——ケアマネジャー
130——検察官
131——レーシングドライバー
132——裁判官
133——プロ野球選手
134——パティシエ
135——ライター
136——トリマー
137——ネイリスト
138——社会起業家
139——絵本作家
140——銀行員
141——警備員・セキュリティスタッフ
142——観光ガイド
143——理系学術研究者
144——気象予報士・予報官
145——ビルメンテナンススタッフ
146——義肢装具士
147——助産師
148——グランドスタッフ
149——診療放射線技師
150——視能訓練士
151——バイオ技術者・研究者
152——救急救命士
153——臨床工学技士
154——講談師・浪曲師
155——AIエンジニア
156——アプリケーションエンジニア
157——土木技術者
158——化学技術者・研究者
159——航空宇宙エンジニア
160——医療事務スタッフ
161——航空整備士
162——特殊効果技術者

学部調べ 看護学部・保健医療学部
学部調べ 理学部・理工学部
学部調べ 社会学部・観光学部
学部調べ 文学部
学部調べ 工学部
学部調べ 法学部
学部調べ 教育学部
学部調べ 医学部
学部調べ 経営学部・商学部
学部調べ 獣医学部
学部調べ 栄養学部
学部調べ 外国語学部
学部調べ 環境学部
学部調べ 教養学部
学部調べ 薬学部
学部調べ 国際学部
学部調べ 経済学部
学部調べ 農学部
学部調べ 社会福祉学部
学部調べ 歯学部
学部調べ 人間科学部
学部調べ 生活科学部・家政学部
学部調べ 芸術学部
学部調べ 情報学部
学部調べ 体育学部・スポーツ科学部
学部調べ 音楽学部
学部調べ 心理学部
学部調べ 水産学部・畜産学部・森林科学部
学部調べ 建築学部

——以降続刊——

※一部品切・改訂中です。 2024.4.